AF222474

Gelebte Geschichte:

Eine Jugend in Deutschland 1940 – 1961:

Königsberg-Dresden-München

Bbliografische Informationen der Deutschen Bibliothek
Die Deutsche Bibliothek verzeichnet diese Publikation in
der Deutschen Nationalbiografie; detaillierte
bibliographische Daten sind im Internet über
http://dnb.dbb.de abrufbar.

© Eberhard Wilms
Stuttgart 201 I
Herstellung und Verlag:
Books of Demand GmbH, Norderstedt
ISBN 978-3-8391-5229-4

Inhaltsverzeichnis

Vorwort

In dieser Darstellung wird die Jugendzeit eines deutschen Jugendlichen vorgestellt, die in die historischen Ereignisse der letzten Jahre der Nazi-Herrschaft und der Nachkriegszeit eingebettet ist. Dass jede Biografie von der Zeit mitbestimmt wird, in der sie stattfindet, ist für viele Menschen zwar nicht ungewöhnlich, wird jedoch normalerweise nicht bewusst erlebt. Der Autor nahm die ersten Kinderjahre im und nach dem Krieg so unbekümmert wie wohl alle Kinder wahr – doch sein politisches Bewusstsein erwachte ausgesprochen früh im Alter von 12/13 Jahren. Weil er Mitglied des Dresdner Kreuzchores war und sehr viele Konzertreisen in den Westen erlebte, konnte er bald die Lebensumstände in Ost und West vergleichen. Er erkannte von Jahr zu Jahr deutlicher, dass er in der DDR in einer Diktatur lebte. Nur die Bindungen an Eltern, Chor und an die Stadt Dresden behinderten einen früheren Entschluss, in den Westen zu gehen Als es darauf ankam, wagte er dann doch den Sprung. Er begann ein Studium in Tübingen und München, erhielt ungewöhnlicherweise sogar eine Genehmigung, die Eltern in Dresden zu besuchen. Doch während dieses Aufenthaltes in Dresden kam der 13. August 1961 mit dem Mauerbau...

Die erzählende, Darstellung ermöglicht immer wieder auch einen Perspektivwechsel und soll zum kritischen Lesen anregen. Es handelt sich eben um eine geschichtliche Quelle, die der Kritik bedarf.

Kriegskind

Generationenunterschiede

Das habe ich mir lange nicht vorstellen können: Meine Generation, die zwischen 1939 und 1945 Geborenen, erfährt eine ungewohnte Beachtung! Psychologen glauben nachweisen zu können, dass sie Schäden durch die Kriegsereignisse davon getragen hat. (Bode, Sabine: Die vergessene Generation. Kriegskinder brechen ihr Schweigen. Stuttgart 2004 sowie weitere Veröffentlichungen). Ich glaube allerdings nicht, dass wir die Beachtung auf Grund unserer Geburt verdient haben, denn ich habe den Eindruck, dass sich unsere Generation nicht wesentlich von früheren unterscheidet. Es besteht sogar die Gefahr, dass diese Beachung nur auf die „deutsche Lust am Opfersein", wie DIE ZEIT am 19. Mai 2004 formulierte, zurückzuführen ist. Allerdings muss man die im Krieg Geborenen von jenen unterscheiden, die die „bewusste" Kindheit in der NS- und Kriegszeit erlebten, also die ab 1930 Geborenen. Zwischen ihnen und uns besteht ein deutlicher Unterschied. Denn die Lebensgeschichte der Jüngeren wurde doch vor allem von der Teilung Deutschlands und der Welt beeinflusst und weniger vom Krieg selbst. Und das gilt ja nicht nur von dieser Generation. Die Kriegsjahre, nach denen wir benannt werden, war unsere Kleinkinderzeit. Zwar haben uns die Psychologen nachgewiesen, wie wichtig diese Lebensphase für die psychische Verfassung ist (siehe Kolbatz, Klaus-Peter: Kriegskinder –

Bombenhagel überlebt - Karriere gemacht- mit Burn-out bezahlt. Frankfurt 2005), doch dass unsere Erlebnisse so ungeheuer wichtig sein sollen, kann ich kaum glauben. Offensichtlich wird hier eine Verallgemeinerung vorgenommen, die nur schwer nachzuvollziehen ist.

Natürlich wurden wir in eine schreckliche Zeit hineingeboren. Nur diejenigen, die unmittelbar vom Bombenkrieg betroffen waren, können meiner Meinung nach psychische Schäden davon getragen haben. Und das betrifft nur einen kleinen Teil von uns, nicht gleich die gesamte geburtenstarke Generation. Die meisten Kinder wuchsen ja zu dieser Zeit immer noch auf dem Lande auf und erlebten eine sehr friedliche Zeit, wenn sie nicht gerade östlich von Oder und Neiße wohnten.

Deutschland erlebte zur Zeit unserer Kleinkinderjahre seine höchsten Höhen – jedenfalls nach außen hin – und tiefsten Tiefen. Beide waren das Resultat der Geschichte der letzten anderthalb Jahrhunderte. Das Nationalgefühl, im Kampf gegen Napoleon entstanden, unterdrückt und dennoch gestärkt in der 48er Revolution, zurückgeworfen durch deren erneute Unterdrückung, aufgeputscht durch Bismarcks Kriege und Wilhelms II. Großmannssucht, in den Strudel von Hochgefühl im I. Weltkrieg sowie von den Lügen der Rechtsradikalen in der Weimarer Zeit geprägt, erlebte zur NS-Zeit eine geradezu mystische Vervollkommnung und wurde gleichzeitig hochgejagt vom Geschrei der Nazis. Eine schreckliche Zeit! Dieses Nationalgefühl richtete eine Katastrophe nach der anderen an – nicht nur bei anderen Völkern, nicht nur bei den angeb-

9

lich für Alles verantwortlichen Juden, sondern auch bei den Deutschen selbst. Damals waren die Erwachsenen noch in ihrem Denken und Selbstbewusstsein abhängig von derartigen Gefühlen; sie wollten glauben – zumeist ohne die herkömmliche Religion, dem Christentum, von dem sich viele abgewandt hatten. Psychische Schäden sind also mehr unserer Elterngeneration als uns zuzutrauen, weil viele von ihnen mit dem Zusammenbruch von 1945 vollständig umdenken mussten, vor allem weil die Nazi-Lügen nun aufgedeckt werden konnten und sie – und das ging ja langsam genug – erkennen mussten, dass sie von den Führern betrogen worden waren. Selbst wenn sie nicht allzu stark in die Verbrechen verwickelt waren, gehörte auch der Wille dazu, das auch zu akzeptieren, was ihnen die Besatzungsmächte zeigten. Viele behaupteten sogar, der „Feind" habe die Fotos aus den Konzentrationslagern gefälscht!

Kindheit im Krieg

Bilder 1+2: Königsberg/Pr.- Metgethen, Forstweg 15

Doch für uns Kinder – so seltsam das klingen mag – brachte die Kriegszeit kaum Beschränkungen, wenn man vom Bombenkrieg einmal absieht. Und der betraf ja nicht jeden aus unserer Generation. Wir gingen in unsere Kindergärten, spielten auf den Straßen, liebten die Umgebung unserer Wohnungen oder Häuser – ganz gleich, wo wir aufwuchsen. Wir merkten gar nicht, was eigentlich los war – so wie alle Kleinkinder. Selbst etwa aufkommenden Hunger empfanden wir nicht. Das Spiel, die Freunde und Freundinnen waren für manchen fast wichtiger als die Eltern und Geschwister. Merkten wir überhaupt, dass die Väter und evt. auch älteren Brüder nicht zu Hause waren? Ich spürte das jedenfalls nicht.

Bild 3: Familie Wilms ohne Vater (in der Wehrmacht) vor meiner Geburt 1940

Meine Mutter fuhr jeden Tag mit dem Zug aus dem weit von der Innenstadt entfernten Vorort Metgethen nach Königsberg hinein, wo am Paradeplatz jene Wohnung lag, die Büro und Auslieferungslager geworden war. Und ich war seit 1942 der Obhut von Walja anvertraut, unserer ukrainischen Haushaltshilfe, an die ich mich nicht weiter erinnern kann und der (wie einem Brief an den Dresdner Großvater zu entnehmen ist) erst mal alles beigebracht werden musste, was damals einen deutschen bürgerlichen Haushalt ausmachte. Und noch nach Jahrzehnten konnte ich den ersten Teil des Weges vom Haus und Grundstück aus in Richtung Bahnhof wiederfinden, den sie immer gegangen und wiedergekommen war. Auch den Weg von zu Hause in Richtung Kindergarten kannte ich ansatzweise noch. Der Blick vom ersten Stock unseres Hauses in den Garten hinunter, wo die Kaffeegesellschaft bei schönstem Wetter saß, war noch in meinem Kopf – hatte ich doch oft genug seit der Kindheit von ihm geträumt. Erst im Alter von etwa 14 oder 15 erfuhr ich durch meine Mutter, dass daran etwas Besonderes war: Die ev. Gemeinde hatte durch ihren Pfarrer Kontakt zur Bekennenden Kirche, hatte sich also dem NS-Einfluss auf die Erziehung entzogen. Dass das im Alltag des Kindergartens nicht so wesentlich war, denn die christlichen Vorstellungen waren doch ebenso autoritär gewesen wie die in den nationalsozialistischen Einrichtungen, muss man bedenken. Der entscheidende Unterschied bestand nur darin, dass die militärische Ausrichtung im kirchlich geprägten Kindergarten nicht stattfand. Doch Gehorsam war das Gebot für alle Kleinkinder – genauso wie für das gesamte Volk. Dazu gehörte Ehrlichkeit und Aufrichtigkeit – für wen und in welchem Ausmaß, das unterschied sich ein wenig. Die einen sahen eher Gott im Vordergrund, während die anderen den Führer im Kopf hatten. Dass der auch irgendwie in meinem „angekommen" war, weiß ich dadurch, dass ich mich auf einer Straße von Metgethen sehe und mit großem Vergnügen den rechten Arm hochwarf zum sogen. Führergruß – ohne zu wissen, dass ich damit dem Regime einen Gefallen erwies.

Bild 4: Königsberg/Pr., Steindamm (vor 1945)

Königsberg

Ja, Königsberg! Wie war doch diese Stadt in den Menschen verwurzelt. Und wie stark ist sie noch bei jenen im Bewusstsein, die einen persönlichen Bezug zu ihr hatten und noch haben! Vielleicht liegt es daran, dass Jahrhunderte lang in ihr unsere deutsch sprechenden Vorfahren wohnten, sie also von der deutschen Sprache, ihrer Kunst und Kultur, ihrer Wirtschaft geprägt waren und nur wenige Fremdsprachige in ihren Mauern gelebt hatten, insbesondere Litauer, dem benachbarten Volk im Norden. (Kossert, Andreas: Ostpreußen – Geschichte und Mythos. München 2005; Gause, Fritz: Königsberg in Preußen – Die Geschichte einer europäischen Stadt. München 1968) Und jetzt ist sie eine russische Stadt! Sieht man ihre Geschichte an, so hatten die wenigen Litauer auf ihre Entwicklung nur einen geringen Einfluss. Sie hatte zwar eine wechselvolle Vergangenheit, die aber nicht ungewöhnlich für eine an der Küste gelegene große deutsche Stadt war. 1255 war sie gegründet worden, ab 1330 hatte sie einen künstlerisch bedeutenden Dom erhalten und gehörte nicht zum mittelalterlichen Deutschen Reich, war dennoch eine deutsche Stadt im Gebiet des Deutschen Ordens. 1544 erhielt sie eine Universität, die später durch Immanuel Kant eine Glanzzeit erleben konnte. Die Krönung des Hohenzollern Friedrich I. 1701 zum König von Preußen in der Stadt erhöhte ihre Bedeutung. Nun war Königsberg nicht mehr eine gewöhnliche Provinzhauptstadt, sondern wurde mehr beachtet als zuvor. Die 4 Jahre russische Herrschaft im Siebenjährigen Krieg verdeutlichten, dass Königsberg weit im osteuropäischen Gebiet lag, obwohl sie eine rein deutsche Stadt war. Von daher ist auch nach der Industrialisierung Ende des 19. Jahrhunderts die Betonung des Deutschen zu verstehen, die dann zur Nazizeit missbraucht werden konnte.

Und jetzt gibt es diese Stadt nicht mehr! So gut wie kaum ein Deutscher war 1946 dort geduldet worden, nur einzelne Personen. Seitdem leben hier über 420000 Menschen völlig anderer Kulturen. Fremde Sprachen – denn es sind Russen und Menschen aus vielen anderen Völkern, die die Sowjets oft genug gegen ihren Willen herbefohlen hatten – bestimmen heute das Leben in der Stadt, die den Namen Kalinins, eines Kampfgefährten Stalins, mitschuldig an vielen Verbrechen, trägt. Seit der Wendezeit gibt es eine Diskussion, ob das so bleiben soll. Jahrzehntelang wurde alles Deutsche geleugnet und verborgen. Viele der neuen Bewohner wussten lange nichts von ihrer deutschen Vergangenheit - nur dass es „deutsche Häuser" gab, die man bevorzugte, weil die Vorkriegs-Installationen noch in den 90er Jahren besser waren als die russischen. Dort funktionierte eben die uralte Infrastruktur noch – im Unterschied zu der in den Plattenbauten, die die ehem. östliche Welt von der Elbe bis nach Wladiwostok prägte. Das Gesicht der Stadt hatte man noch kurz vor der Wendezeit, als die Sowjetunion schon ihre letzte Phase erlebte, weiter verändert durch die

Sprengung der Schlossruinen, um Deutsches auszumerzen. Stattdessen setzten die Behörden den Bau eines riesigen Beton-Klotzes, der ein Verwaltungsbau werden sollte, durch, der aber nie fertig gestellt wurde. Weil zu schlecht gebaut, ist er bis heute eine Bau-Ruine! Einzig die Dom-Ruine wurde nicht angetastet, weil an ihren Mauern das Grab des Philosophen Kant angelehnt ist, den auch die Russen verehren; vor kurzem wurde die Universität nach ihm benannt. Ähnlich ist es ja vielen Städten und Dörfern in den Gebieten jenseits von Oder und Neiße ergangen. Dabei blieb aber das „Gesicht" der ehem. deutschen Städte in Polen erhalten, während die Russen bzw. die Sowjets das Deutsche in Nord-Ostpreußen auszulöschen versuchten und deutsche, noch erhaltene Gebäude, insbesondere Kirchen und Gutshäuser, vergammeln ließen.

Doch auch die bei Deutschland verbliebenen Städte und Dörfer, in denen die Kinder aufwuchsen, veränderten sich ja gewaltig: Viele waren die reinsten Trümmerfelder, wenige blieben erhalten. Nur auf den Dörfern im restlichen Deutschland veränderte sich das Leben zunächst nicht. Kleinkinder gingen in ihre Kindergärten und wussten wie auch jene in den nicht mehr deutschen Städten nicht, wo ihre Väter geblieben waren. Die Nazizeit erreichte uns in dieser Zeit nicht. Wir wussten nichts von den Nazimördern in den KZ's, von dem Elend, das viele unserer Väter und älteren Brüder in Europa verbreiteten, von der Vertreibung von Millionen Menschen aus ihrer Heimat, z.B. der Jugoslawen, der Franzosen, der Russen, wenn sich die Front näherte, oder der Deutschen in der Sowjetunion, die man nach Kasachstan und Sibirien brachte, weil sie verdächtigt wurden, mit dem Feind zusammenzuarbeiten. Die Kindheit dieser Menschen unterschied sich sehr deutlich von der der deutschen Kinder. Sie hatten oft nichts, spielten nicht mit Spielzeug, sondern mit irgendwelchen Gegenständen, die die Natur bot. Und sie hungerten und froren viel mehr als wir.

Brief des 11-jährigen Bruders an den Großvater in Dresden-Hellerau

Metg. Am 11.9.44

Liebster Opapa!

Mache dir keine Sorgen. Wir leben alle.
G. hat das Glück, zu seinem Geburtstag zu Hause zu sein; er ist nämlich (auch die anderen Luftwaffenoberhelfer) entlassen worden. Bald aber wird er beim R.A.D.(Reichsarbeitsdienst) sein. Sobald er hiervon (R.A.D.) entlassen wird, kommt er sicher zur Wehrmacht.
H. und ich, wir werden jetzt dumm, denn in unsere schöne Schule sind drei Sprengbomben hineingefallen. Auch unser Geschäft ist nur noch ein Trümmerhaufen. Die Grundmauern stehen zwar, aber sie werden bald zusammenstürzen.
Vati ist in Königsberg kaserniert worden.
Mein Zeugnis ist in der Schule verbrannt, aber ich weiß zum Glück alles auswendig:
(Das Zeugnis:)
Außer (von) einigen kleinen Unarten in der Haltung abgesehen, eine erfreuliche Erscheinung in der Klasse.

18

(Es folgen die einzelnen Noten.
Darunter eine Zeichnung:)

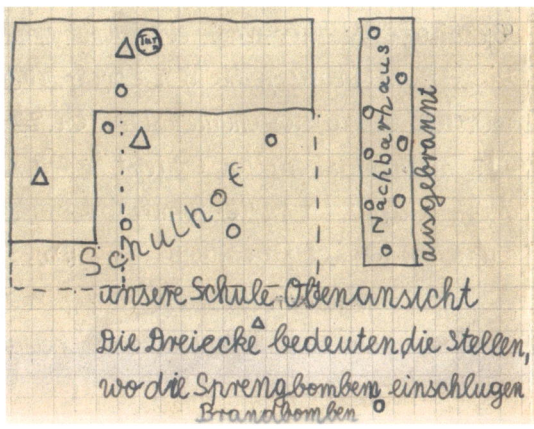

In der Zeichnung handschriftlich:
Nachbarhaus · ausgebrannt · Schulhof · unsere Schule Obenansicht · Die Dreiecke bedeuten die Stellen, wo die Sprengbomben einschlugen · Brandbomben

Bild 5: Aus dem Brief an den Großvater in Dresden,
2. Teil

Unsere Schule Obenansicht. Die Dreiecke
bedeuten die Stellen, wo die Sprengbomben,
die Kreise, wo die Brandbomben einschlugen.
So kannst du dir vorstellen, wie es in Kbg.
aussieht. Unser Straßenbahnnetz (Kbg) wird
täglich erweitert. Obus- (und) Omnibuslinien
sind eingesetzt worden, um von
Nordkönigsberg nach Südkönigsberg zu
gelangen. Hier in Metgethen ist rein gar nichts.
Ich soll dich noch von H. und Eberhard grüßen
lassen und sie wünschen dir alles Gute.
Wie geht es eigentlich Onkel Herbert. und
seiner Familie?

Habt Ihr schon richtige Bombenangriffe erlebt?
In Königsberg zwei Angriffe nur und (die Stadt
ist) zum größten Teil erledigt. Berliner wollten
es nicht glauben, dass Königsberg so bei zwei
Angriffen aussieht. Nun naht das Ende.
Viele tausend Grüße und Küsse von deinem
Enkelkind M.

M u t t i w e i ß n i c h t s h i e r v o n !

Erst ab Ende 1944 änderte sich die Kindheit der
Ostdeutschen deutlich. Russische Truppen
erreichten und überschritten die deutsche
Grenze; die Flucht setzte ein. Wie wir heute
wissen, rächten sich die Soldaten der Roten
Armee für die Gräueltaten der Deutschen im
Osten. Gemeinsam mit der von den Nazis
unterstützten Furcht vor den „Horden" aus dem
Osten – wobei die Sowjetsoldaten Tieren
gleichgesetzt wurden - sahen fast alle
Deutschen die schwerste Gefahr, die sich ihnen
näherte. Auch den Kindern wurde diese Gefahr
vermittelt. Viel zu spät erlaubten die Nazi-
Behörden den Menschen die Flucht. Dass
dadurch die Lebensgefahr noch erhöht wurde,
sahen die meisten Menschen nicht. Nun ging
es nach kurzem Packen auf die Straßen, die
z.T. vom Militär verstopft waren. Zumeist völlig
ungeordnet zogen die Flüchtlinge aus dem
Norden der ostpreußischen Provinz los, um gen
Westen „ins Reich", wie man in Ostpreußen
sagte, zu gelangen. Dass dieses auch vollständig besetzt werden würde, konnten die
Menschen damals noch nicht wissen. Sie
hofften nur, dass sie die deutschen Behörden

20

irgendwo unterbringen würden, dass alle Deutschen zusammenrücken müssten, um für die Millionen aus dem Osten Platz zu schaffen. In den Orten, in denen das Leben noch „normal" weiterging, staunte man über diese Flüchtlinge. Man ahnte noch nicht, dass man selbst bald denselben Weg gehen würde. In Königsberg z.B. herrschte noch Ende 1944 normales Leben – freilich in einer schwer zerstörten Stadt. Denn bis zum Sommer hatte man geglaubt, dass die Briten und Amerikaner den weiten Weg nach Osten scheuen würden, um diese Stadt zu zerstören – so wie die vielen Städte „im Reich". Von dort aus hatten die Behörden die Jugendlichen zu Hunderttausenden nach West- und Ostpreußen geschickt, weil sie glaubten, sie dort vor dem Bombenkrieg sichern zu können.

Und nun erging es Königsberg wie den anderen Großstädten: Im August vernichteten britische Bomber in zwei Angriffen zuerst den Norden und dann auch die Innenstadt gründlich. Wie in vielen anderen Städten blieben die Kasernen und militärischen Anlagen erhalten. Es waren also Terrorangriffe gegen die Zivilbevölkerung. Jetzt erlebten auch die Kinder Ostpreußens das, was viele im Reich schon längere Zeit aushalten mussten: gehetzte Erwachsene, die das tägliche Brot besorgten, Nächte in den Kellern während der Angriffe, die Angst in den Gesichtern der Erwachsenen, das Ende friedlichen zivilen Lebens. Da sahen die Behörden ein, dass man aus der zerstörten Stadt wenigstens Frauen mit mehreren Kindern den Weg nach Westen nicht versperren durfte.

21

Sie erteilten Abreisegenehmigungen und verordneten mit Hilfe von Ausweisen den Flüchtlingsstatus. Alle anderen Menschen mussten dableiben, insbesondere Alleinstehende und ältere Jugendliche. Da die Stadt von den Juden bereits „gesäubert" worden waren (Man hatte sie nach Riga und Theresienstadt deportiert – mit ganz wenigen Ausnahmen, wie z.B. der berühmten Familie Wieck), lebten nun außer den erwähnten Alleinstehenden und Jugendlichen vor allem ausländische Zwangsarbeiter in der Stadt. In den Untersuchungen wird geschätzt, dass es bei der Einnahme der Stadt nur noch 120.000 Bewohner gab (Einwohnerzahl 1939: 372.000). Davor waren die Flüchtlinge in dem immer enger werdenden ostpreußischen Kessel herumgejagt worden, wenn sie keinen Schiffsplatz erhalten hatten oder den Versuch, übers Haff zu flüchten, nicht wagten. Sie mussten die schlimmsten Szenen anschauen und durchmachen, die man sich heute kaum vorstellen kann. In dem Ort, in dem unser Haus stand, in Königsberg - Metgethen, konnten die Russen daher ein großes Massaker anrichten, das bis heute noch nicht wissenschaftlich aufgearbeitet ist. Die Ostpreußen erlebten jetzt das Elend in ähnlicher Weise wie die Russen, Ukrainer, Weißrussen usw., als die Deutschen ihre Länder besetzten.

Elterngespräch in Königsberg im Oktober 1944 (Fiktion)

- Georg, was sollen wir nun machen?
- Für mich ist das klar: Schließlich hast du einen Vater im Reich und damit ein Ziel.
- Ist die Lage denn so schlimm?
- Allerdings. Die Russen nähern sich Tag für Tag unseren Grenzen, eine Invasion steht bevor. Und ich gehe davon aus, dass sie sich nicht vornehm verhalten werden. Du weißt, dass in meiner Kaserne auch Soldaten, wenn sie Fronturlaub bekommen, übernachten. Sie erzählen zwar keine Einzelheiten, doch die Andeutungen genügen schon. Und ich gehe davon aus, dass sich die Russen rächen werden.
- Doch was nützt es uns denn, wenn die Russen so stark sind: Sie können uns auch beim Vater in Dresden erreichen. Dann können wir auch gleich hierbleiben und unser Haus vielleicht sogar retten.
- Das wäre allzu schön! Doch du musst noch mal die Landkarte studieren. Da siehst du doch, wo Königsberg liegt! Es ist so weit im Osten, dass die Russen es entweder selbst behalten oder den Polen übergeben werden. Von wegen „Sieg"! Daran glauben doch nur noch überzeugte Pg's. Die Chance, dass nach dem Krieg alles so bleibt wie zuvor, ist gleich Null.
- Na, ein wenig habe ich ja auch schon vorgesorgt und ein paar Pakete an den Vater gesandt, damit wir evt. auch in Hellerau nicht ganz ohne Sachen dastehen. Eines ist sogar Anfang September angekommen, nachdem ich es kurz vor dem Angriff aufgegeben hatte.

23

- Mir macht etwas anderes große Sorgen: Du weißt, dass Christel dann sicher hierbleiben muss und keine Arbeit mehr hat. Jetzt können wir ihr ja immer noch bestätigen, dass sie bei uns angestellt ist, auch wenn das Geschäft nun eine Ruine ist. Doch dann wird sie sicher eingezogen zu irgendwelchen Tätigkeiten. Sie hat doch nur ihre alte Mutter!

- Du vergisst, dass sie dann nicht alleine sein wird. Erna muss ja auch bleiben!

- Das ist alles richtig. Doch wir können jetzt nicht an einzelne Verwandte denken, wir müssen uns selbst in Sicherheit bringen. Otto wird sicher auch nicht in Masuren bleiben und an Abreise denken. Die Kinder muss man doch vor dem Schlimmsten bewahren.

- Auch Dore überlegt schon abzureisen, obwohl Danzig doch noch weit weg ist.

- Und weißt du, was Elfriede machen wird?

- Sie glaubt, dass alles nicht so schlimm werden wird. In ihrem schönen Vier-Brüder-Krug geht ja der Betrieb weiter – auch nach dem Angriff. Es gibt ja kaum noch funktionierende Gaststätten. Und sie weiß irgendwie immer noch alles Mögliche heranzuschaffen, um ihre Gäste zufrieden zu stellen.

- Sie ist eine tolle Frau, die organisieren kann, das muss man wirklich sagen. Du hast einfach eine einmalige Freundin!

- Ja, das stimmt. Doch wir haben noch nicht beschlossen, was ich nun machen soll. - Du und G., ihr könnt ja nicht mit. Ihr müsst doch weiter euren Dienst machen, so dass höchstwahrscheinlich der Kontakt zu euch sehr schwer wird, falls wir vier doch nach Dresden abreisen.

24

- Solange die Russen Königsberg noch nicht bedrohen, können wir zwei uns um das Haus kümmern

- Richtig. Doch was wird nun aus Walja (unsere ukrainische Hausangestellte)? Seit ihr Alexander (ukrainischer Freund von W., der auch in einem Haushalt in Metgethen arbeitete) weg ist, wird sie immer trauriger.

- Wir können aber auch auf Fremdarbeiter keine Rücksicht nehmen. Denken wir an uns. Walja müssen wir eben den Behörden melden – diesmal ganz korrekt, auch wenn wir dies bisher nicht taten.

- Mit anderen Worten steht es für dich schon fest: Ich muss mich alleine auf die Reise nach Hellerau machen.

- Ja, so ist es. Wenn die Russen kommen sollten, bin ich sicher auf dem Posten, den man mir befiehlt, und nicht in eurer Nähe. Ich kann euch also nicht schützen.

- Und G.?

- Na, das könnte noch sein, dass ich mit den militärischen Stellen Kontakt bekomme, die uns beide irgendwie zusammen bringen. Doch auch in dieser Hinsicht muss man skeptisch sein. Der Junge ist zwar 17 und vernünftig, wenn auch noch nicht erwachsen. Ob er sich durchsetzen kann mit dem Wunsch, in der Nähe des Vaters zu sein – das glaube ich nicht. Und ich habe bisher zu seinem Kommando keinen Kontakt. Wenn es militärisch noch brenzliger wird, kümmert sich sicher jeder nur um sich selbst und kennt keine familiären Zusammenhänge mehr.

- Das ist ja furchtbar! – Wie sollen wir nur die nächste Zeit überstehen?

25

- Wenn ich das wüsste, wäre ich froh!

- Na, dann will ich mal seh'n, ob ich die Genehmigung zur Abreise bekomme. Ich habe trotz allem ein mulmiges Gefühl. Hellerau ist schließlich ganz nahe an Dresden. Die Engländer haben es zwar noch nicht bombardiert, doch das kann ja noch kommen. Im Falle Königsbergs hatten wir ja auch gedacht, es würde verschont werden. Und schließlich liegt Hellerau zwischen zwei Flughäfen!

- Du hast Recht. Doch wohin sonst? Zu Käthe nach Zittau? Da werden sicher Annemie und Dore mit ihren Familien hingehen. Und dein Vater hat wenigstens sein kleines Häuschen. Das wird zwar eng werden, doch es bleibt nichts anderes übrig.

- Was hieltest du von Stuttgart? Deine Firma dort hat doch sicher Raum!

- Das wäre nur im äußersten Notfall möglich. Das sind zwar nette Kollegen, doch sie haben alle mit sich zu tun. Und schließlich wurde Stuttgart schon x-mal bombardiert. Die Firma steht zwar. Doch wer weiß, wie lange noch?

- Dann werde ich mich also um Fahrkarten nach Dresden bemühen. Die kriege ich aber erst, wenn ich eine Abreisekarte habe. Ich habe gehört, schon die letzten durchgehenden Züge dorthin waren wer weiß wie voll.

- Das werdet ihr schon überstehen. Die Hauptsache ist, ihr fahrt bald los.

   (Am 31. Oktober 1944 fuhren wir mit einem noch durchgehenden Zug nach Dresden.)

Abreisebescheinigung

FI

Stammabschnitt
Abreisebescheinigung
Für behördlich angeordnete – genehmigte
Umquartierung

1) Wilms, W.   ,geb. am 12.12.05
    Königsberg Pr. Metgethen, Forstweg 15
ist nach – vorsorglich umquartieren (!) nach
Hellerau Bez. Dresden (Aufnahmegau)
Außerdem gilt diese Bescheinigung für
folgende Personen:
2) Wilms   M.   geboren am 31.3.33
3)   „   H.   „   „   2.10.34
4)   „   Eberhard   „   „   18.8.40
An   Vorauszahlungen   sind   geleistet: auf
Unterhalt   .RM, auf Entschädigung
                    ....RM

Kbg., den 25. 10. 1944

Vom Wirtschaftsamt des Aufnahmeorts
auszufüllen!
Abschnitt Wirtschaftsamt der FI.-
Abreisebescheinigung
Die in dieser Bescheinigung genannten
Personen sind am ....aus der Versorgung
des   Wirtschaftsamtes   in
.............ausgeschieden.
Vom Wirtschaftsamt des Aufnahmeorts bei
Entgegennahme der Bescheinigung von Seite 2
zu übertragen!

Auf Seite 7:

Fl.-Abreisebescheinigung

Zur Beachtung

Im Aufnahmegau ist diese Bescheinigung zuerst beim Ernährungsamt vorzulegen, das den Abschnitt „Ernährungsamt" (S.1) abtrennt, die Personalangaben aus dem Stammabschnitt auf die Rückseite des Abschnitts „Ernährungsamt" überträgt und die Lebensmittelversorgung übernimmt. Erst dann kann die Bescheinigung dem Wirtschaftsamt vorgelegt werden, das in gleicher Weise verfährt. Der Stammabschnitt verbleibt dem Umquartierten für Beantragung von Räumungs-Familienunterhalt, Beihilfen usw. An dem neuen Aufenthaltsorte melden sich unverzüglich Inhaber eines Arbeitsbuches (Ersatzkarte) bei dem Arbeitsamt, selbstständige Gewerbetreibende bei ihrer Berufsvertretung, Behördenbedienstete bei der höheren Verwaltungsbehörde ihres Verwaltungszweiges und in Wehrüberwachung Stehende bei ihrem Wehrmeldeamt oder Wehrbezirkskommando. – Alle Umquartierten melden sich nach Ankunft bei der zuständigen polizeilichen Meldestelle.

28

Kriegsende

Dresden-Hellerau

Bild 6: Hellerau, Am Talkenberg 1985

Hellerau ist eine besondere Gemeinde, wie
man heute noch erkennen kann, weil dort bis
auf eine Ausnahme bis Kriegsende 1945 keine
Bomben gefallen sind – trotz der Flughäfen im
Norden und Süden des Ortes! Der nördliche ist
bis heute in Betrieb und der normale Passagier-
Flughafen Dresdens, den südlichen auf dem
alten, sandigen Heller-Gelände gibt es schon
lange nicht mehr. Er war ein Ausweich-
flughafen, später Hubschrauberlandeplatz für
die Rote Armee. Heute scheinen Schreber-
gärten dort zu sein; ich war seit der Kindheit nie
wieder dort, in der wir Hellerauer Kinder am
Abhang des Hellers „Räuber und Gendarm"

gespielt hatten, bis die Russen dagegen vorgingen, es also verboten.

Doch Hellerau ist nicht nur deshalb ein besonderer Ort, sondern er hat eine außergewöhnliche Geschichte. Als erste deutsche Gartenstadt, wie noch heute stets hervorgehoben wird, hatten ihre Gründer und die Mitgestalter des Ortes 1907 – 1909 eine besondere Idee: Hier sollten die Menschen, die durch die Industrialisierung gefährdet galten, mit einer kulturellen Bildung vor den Zivilisationsschäden bewahrt werden. Man wollte die Arbeiter der „Deutschen Werkstätten", einer Fabrik für besondere Möbel, Wohnungen im Grünen geben und ihnen wie auch anderen Bewohnern eine Rhythmik-Schule anbieten. Viele bedeutende Architekten arbeiteten hier vor dem 1. Weltkrieg. Kunst und Leben wollte man verbinden. Der Rhythmik-Unterricht von Jaques Dalcroze, eines Schweizer Pädagogen, gilt heute als Vorstufe des modernen Ausdruckstanzes und wurde in einem Festspielhaus gepflegt, das noch heute existiert und ein Zentrum der modernen Musik und des Tanzes ist. Auch in der Schule pflegte man reformpädagogische Ansätze, die nach der NS- und DDR-Zeit wieder aufgenommen werden. Das Festspielhausgelände wurde freilich von den Nazis und später von der Roten Armee durch das Militär zweckentfremdet. Und damit schien die „Hellerau-Idee" auch unterzugehen, denn in der DDR konnte man mit ihr nichts anfangen. Doch nach der Wiedervereinigung konnte man an die Gründungsidee wieder teilweise anknüpfen. Die Hundertjahrfeier 2009 hat dies noch befördert.

30

Bild 7: Dresden-Hellerau, Schulweg 16 (später Schroederstr., heute Heinrich-Tessenow-Weg)

1944 aber war Hellerau weit entfernt von künstlerischen Ideen; sie schlummerten im Verborgenen. Das Leben schien hier noch sehr friedlich zu sein; auch die Straßenbahn fuhr pünktlich, so dass man bequem in die Stadt kam. Meine Mutter nahm mich mal mit, so dass ich noch eine blasse Erinnerung an die unzerstörte Innenstadt dieser berühmten Kunststadt Dresden habe. In Hellerau gab es nur wenige Flüchtlinge; ein Lager existierte nicht. Doch wir hatten entsprechende Papiere aus Königsberg, die z.B. die Lebensmittelkarten und die Punktekarten für Textilien garantierten. Daher kam die Familie zwar nicht in die

31

„Fremde", da immerhin der Großvater dort schon lange Jahre wohnte. Doch die Umgebung war natürlich skeptisch gegenüber uns „Leuten aus dem Osten". Dass wir nicht sächsisch sprachen, fiel auf. Und kannte man im Osten überhaupt eine gewisse Zivilisation? Das fragte sich der Unbedarfte – und das musste so mancher Ostdeutsche erfahren, den man kränken wollte. Und dabei waren in Königsberg, in Breslau, in Stettin usw. Straßenbeleuchtung, fließendes Wasser, Kanalisation, Straßenbahnsysteme usw. selbstverständlich.

Winter 1944/45: Das Elend der Flucht

Wie vorauszusehen, brachte das Jahr 1945 vor allem militärische Meldungen, die sehr bedrohlich waren. Die Rote Armee rückte unaufhörlich vor. Meine Mutter wurde bestätigt, rechtzeitig Königsberg verlassen zu haben. Die Nachrichten über die Rache der fremden Soldaten, „Untermenschen" in der Nazi-Presse genannt, waren bedrohlich. Ständig muss sie sich gefragt haben, wie sie wohl den zu erwartenden wüsten Durchsuchungen der Wohnungen, dem Diebstahl von Wertgegenständen durch die Soldaten, den Vergewaltigungsszenen entkommen kann.

Der Winter 1944/45 war kalt, sehr kalt. Der Großvater hatte immerhin eine warme Stube, während die Flüchtlinge auf den Straßen froren. Doch keiner ahnte, ob die Verwandten in Königsberg verblieben waren oder noch „rausgekommen" waren – eine Vokabel, die

32

man ständig hörte. Eindeutig wussten wir, dass die Zurückgebliebenen ganz sicher Schreckliches erleben mussten. Michael Wieck, ein Nachfahre der berühmten Frau Robert Schumanns, Clara Wieck, beschreibt dies ergreifend und doch nicht anklagend, in seinem Buch „Zeugnis vom Untergang Königsbergs – Ein Geltungsjude berichtet" (Heidelberg 1989). Wir dachten damals nur: Wie viele werden die Schrecken, die der „Führer" letztendlich zu verantworten hat, wohl überleben? Wie viele Familien werden getrennt werden? Viele Ängste prägten die Zeit. Die Verwandten, die in Königsberg den Einmarsch der Russen erlebt hatten, bestätigten die Grausamkeiten, denen sie ausgesetzt worden waren, Rachefeldzüge der Russen für das ihnen von den Deutschen zugefügte Leid, als sie dann 1945/46 im restlichen Deutschland ankamen. Eine Tante kam nach der erzwungenen Ausreise per Güterzug direkt zu uns. Uns Kindern wurde nur angedeutet, was alles passiert war: Sie und eine andere Verwandte berichteten, dass sie aus ihren Wohnungen ausgewiesen worden waren, in einem Keller mit Wildfremden zusammengelebt hatten und ständig Russen aufgetaucht waren, die nach Essbaren und Uhren verlangten. Mehr erfuhren wir nicht. Von Tante Elfriede, die die Ausflugs-Gaststätte „Vier-Brüder-Krug" betrieben und ihren Mann schon früh verloren hatte, hörten wir später, dass sie den von den Russen eingesetzten Bürgermeister für die übrig gebliebenen Deutschen schnell geheiratet hatte, um sich vor Überfüllen schützen zu können. Metgethen war unter schwersten Verlusten beider Seiten durch Kämpfe total zerstört worden. Tante Elfriede kam wie andere Deutsche in Güterwagen 1946 nach Deutschland, und zwar in die SBZ; mein Vater hat ihr später geholfen, bei Nacht und Nebel über die Grenze in die Britische Zone zu kommen. Und immer wieder hörten meine Eltern von Bekannten, was sie alles bei der Flucht auf den Straßen erleben mussten.

Eine große Angst brachten die Bombenangriffe mit sich. Immer und immer wieder heulten die Sirenen. Sie blieben wohl unserer Generation noch Jahrzehnte im Ohr, und dies bestätigt in Grenzen die psychische Belastung von Kleinkindern, Kriegskindern, von der ich eingangs schrieb. Das war hier wie in der letzten Zeit von Königsberg nicht anders. Uns Kindern hatte man aus den Zäunen der benachbarten Gärten Latten ausgebrochen, so dass wir beim ersten Sirenenton rasch nach Hause kommen konnten. Als dann am 13./14. Februar 1945 hintereinander die drei großen Angriffe auf die Stadt geflogen wurden, atmeten wir einerseits auf, dass Hellerau trotz der benachbarten Flughäfen, damals „Fliegerhorste" genannt, nicht getroffen wurde. Doch den roten Himmel der brennenden Stadt, den man angeblich noch 100 km weit entfernt gesehen haben soll, vergesse ich nie. Es tauchten auch zerlumpte Gestalten auf, die den Angriff überstanden hatten und versuchten, bei ihren Verwandten im Ort unterzukommen.

Meine beiden Brüder hatten von da an keinen Unterricht mehr. Und wir wussten tatsächlich nicht mehr, wie das Leben weitergehen sollte.

Der Großvater muss sich vor allem Gedanken gemacht haben, wie er seine 40jährige Tochter und die drei Kinder schützen kann, wenn die Russen kommen. Und dass sie kommen werden, war eindeutig klar, wie man an den vielen Flüchtlingen aus Schlesien, die Dresden durchquerten, sehen konnte. Das Geschwätz vom „Endsieg" glaubte kaum noch ein Zivilist – und sicher auch nicht die Militärs –, nur dass diese es nicht äußerten. Von den brutalen fliegenden Kommandos, die deshalb Todesurteile verhängten, wusste man zwar nichts, aber ahnte, dass die Nazi-Führer brutal vorgehen. Daher schwieg man lieber und äußerte sich nicht in der Öffentlichkeit.

Dazu kam für meine Mutter die Angst, wo denn ihr Mann und wo denn ihr ältester Sohn geblieben sind. nachdem Ostpreußen besetzt worden war. „Immer noch keine Nachricht", hieß es laufend, wie ich es noch heute im Ohr habe. Der Großvater schlug nun vor, dass die Familie lieber zu den Verwandten nach Böhmen gehen sollte; dort könnten sich die Frauen in den dichten Wäldern gut verstecken. Meine Mutter gab zu bedenken, dass er dann ja alleine sei. Doch das ließ dieser nicht gelten. Es sei die Hauptsache, dass sie die letzten Kriegstage überstehe. Das bedeutete freilich, dass wir zu viert auf die Straße mussten.

In Böhmen

Und so zogen wir in den Apriltagen 1945 tatsächlich mit einem Leiterwagen los. Die Straßenbahn fuhr nicht – und so einen Tross hätte sie auch nicht befördert. Es ging die lange Königsbrücker Straße in die Neustadt hinein. Noch gab es nur einzelne Ruinen zu sehen. Wie es über die Elbe ging, weiß ich nicht, wahrscheinlich über die einzig erhaltene Brücke, das Blaue Wunder in Blasewitz, die durch einen mutigen Mann vor der Sprengung durch die Nazis später gerettet wurde, oder mit einer Fähre. Auch hier waren die Spuren der Angriffe überall zu sehen. Meine Füße taten bald weh, so dass ich zu weinen begann. Man setzte mich auf den Leiterwagen, und die beiden Brüder zogen ihn abwechselnd mit meiner Mutter. Immerhin bekamen wir nach langem Warten einen Zug nach Böhmen. Er fuhr durch – eine Grenze gab es ja noch nicht wieder; das Sudetenland gehörte zum „Großdeutschen Reich". Am späten Abend kamen wir auf einem Bahnhof an. Ich denke, es war Libau (Libechov). Jedenfalls mussten wir auf einer Bahnhofsbank übernachten, bis es weiterging. Unser Dorf war nicht mit einem Zug zu erreichen, und meine Mutter wagte es nicht, in der Nacht weiterzuwandern. Am nächsten Tag waren wir am Ziel, dem winzigen Dörfchen Medonost (tschechisch Medonosy), bei den Tanten bzw. den Geschwistern unseres Großvaters.

Ich muss es dort recht schön gefunden haben, denn es gab immer wieder was zu essen.

Schließlich erinnere ich mich an Militärlaster, die am Straßenrand abgestellt waren. Wir Kinder durchstöberten sie nach Essbarem. Dabei wurde von einem meiner Brüder eine Tür zu rasch zugeworfen – mit meinem Daumen darin. Ich muss schrecklich geheult haben. In der Nacht waren die Frauen alle weg. Einmal ging es auch in den Wald zum Beeren-Lesen. Und dort erfuhr ich, wo die Frauen in der Nacht gewesen waren – einfach hinter geschlagenen, gestapelten Bäumen. Ich setzte mich auf einen – und kam kaum wieder los, klebte am Harz fest. Natürlich freute sich meine Mutter nicht darüber! Und an einem frühen Morgen gab es Aufregung: Ein Tscheche hatte unseren Leiterwagen gestohlen und sich mit ihm auf der Landstraße davon gemacht. Ich schien das bemerkt zu haben, rannte ihm hinterher und heulte darauf los. Ein russischer Soldat nahm mich auf seinen Arm und fragte in gebrochenem Deutsch, was denn los sei. Er rannte dem Tschechen hinterher, nahm ihm den Wagen wieder ab und brachte ihn mir. Das war das erste Erlebnis mit einem sowjetischen Soldaten, das ich also noch positiv in Erinnerung habe. Er war offensichtlich kein Angehöriger einer tierischen Horde, wie die Nazis immer behauptet hatten!

Heute weiß ich, dass vor der Besetzung Böhmens durch die Rote Armee der tschechische Aufstand gegen die deutsche Besatzung stattgefunden hat. Dabei traf die Rache der Tschechen wegen der grausamen Besatzung durch die Nazis fast alle Deutschen, die in der Tschechoslowakei, wie sich der Staat

Bild 8: Medonost, Kirche und Friedhof mit wieder aufgerichteten deutschen Grabsteinen 2010

nun wieder wie vor der deutschen Besetzung 1938 nannte. In unserem abgelegenen Dorf war davon aber nichts zu spüren. Ich gehe davon aus, dass meine Mutter die Ereignisse aufmerksam verfolgte, soweit das möglich war. In dem Dorf und bei den Verwandten, die ja zum größten Teil Tschechen waren, gab es sicher ein Radio. Auf Grund der Nachrichten werden die Verwandten ihr die sofortige Rückreise nach Dresden empfohlen haben.

So endete eine Beziehung, die Jahre lang gut funktioniert hatte, denn meine Eltern berichteten später, dass sie mehrere Reisen von Königsberg aus nach Dresden und Böhmen gemacht hatten – und zwar schon vor der deutschen Besatzungszeit. Nach dem Kriegsende schlief der Kontakt ein – sicher auch wegen der mangelhaften Möglichkeit, sich per Post zu verständigen.

Und die Verwandten versuchten sicher, eine Beziehung zu Deutschen auch zu verbergen – in einer nationalistischen Zeit verständlich, in der die tschechische Regierung den Menschen Rechnung trug, die die Deutschen aus dem Staat eliminieren wollten – bis hin zur Vertreibung der fast 3 Millionen, die in den Folgejahren durchgeführt wurde („Benesch-Dekrete").

Es endete damit also nicht nur die Zeit unserer verwandtschaftlichen Beziehungen, sondern überhaupt die Jahrhunderte der politischen, wirtschaftlichen und kulturellen Gemeinsamkeit von Deutschen, Juden, Slowaken, Tschechen in diesem Gebiet, die in besonderer Weise ein Lehrer-Kollege von mir literarisch beschrieben hat, wofür ihn die Vertriebenenorganisation wie auch die Tschechen ausgezeichnet haben (Gerold Tietz: Böhmische Fuge. Weissach i.T. 1997, 2005 übersetzt ins Tschechische). Zur Zeit der österreichisch-ungarischen Monarchie hatte es zwar Auseinandersetzungen gegeben, doch an radikale Lösungen wie dann 1946/7 hatte niemand gedacht. Selbst zur Zeit der Eigenständigkeit der Tschechoslowakei ab 1918/19, also nach dem 1. Weltkrieg, waren die Deutschen in diesem demokratischen Staat gut gelitten. Erst die Henlein-Partei, die die Befehle Hitlers schließlich genauestens ausführte, brachte das Unglück. Ihre Dominanz in der Erinnerung der Völker lässt bis heute vergessen, dass gerade die starke Arbeiterbewegung

Österreich-Ungarns ihre Wurzeln in Böhmen bei der deutschen wie auch der tschechischen Bevölkerung hatte. Die Demokratiebewegung war in Österreich wie in der Tschechoslowakei auch der deutschen Bevölkerung zu verdanken. Die schlimme Unterdrückung in der Nazizeit, die Judenverfolgung, aber auch die hartnäckig radikale und rechte Politik der sudetendeutschen Landsmannschaft nach 1949 hat vieles übertüncht, was die positive Entwicklung in Böhmen zur österreichischen Zeit und dann im tschechoslowakischen Staatsverband ausgemacht hat. Nationalistische Politik verdrängt positive Entwicklungen in der Geschichte, macht blind. Das ist auch heute noch so! Um so schöner ist es, dass Tschechien und auch die Slowakei heute zur EU gehören und man nicht einmal mehr eine Ausweiskontrolle über sich ergehen lassen muss, fährt man in diese Staaten.

Die Rückkehr aus Böhmen war der Familie tatsächlich mit dem Zug möglich. Doch an der nun wieder eingerichteten Grenze zur Sowjetischen Zone ging es rabiat zu. Alles, aber auch jeden kleinen Besitz nahm man den Deutschen ab. Meine Mutter erzählte noch Jahre später ganz stolz, dass sie dem Tschechen – wohl einem Grenzpolizisten oder Zöllner – widersprochen hat, als er ihr den Ehering abnehmen wollte. In Dresden angekommen, durften wir freilich nicht sofort nach Hellerau zum Großvater zurück, weil der Verkehr über das Blaue Wunder zwischen Blasewitz und Loschwitz und die Fähren massiv geregelt wurden. So gab es noch eine Nacht in irgendeiner Turnhalle auf Stühlen. Das Wiedersehen mit dem Großvater ergab, dass er tatsächlich von größeren Belästigungen verschont geblieben war. Das Häuschen wurde also erneut von uns besiedelt. Und wir erhielten sogar von der am Ende der Straße gelegenen Kaserne, dem früheren Festspielhaus und seinen Seitengebäuden, die noch nicht von den Russen besiedelt waren, drei Militärbetten.

Wir überstanden also das Kriegsende glimpflich im Vergleich zu jenen, die auf der Straße oder in Trümmern leben mussten. In Hellerau hatten wir Kinder auch den Eindruck, dass alles beim Alten war – was natürlich nicht stimmte. Denn schon die Trümmer der Stadt zeigten etwas Anderes. Eine neue Zeit begann im Elend. Die Versorgung funktionierte zwar noch einige Zeit, sollte aber bald versagen. Hunger und Kälte wurden für einige Jahre Teil des Alltags.

Dennoch streifte uns Kinder die Politik kaum. Doch meine älteren beiden Brüder werden sicher mehr erfahren haben als ich. Sie hatten zwar noch keine Schule, doch ein paar Informationen werden sie sicher bewegt haben, denn wir besaßen ja sogar ein Radio, das kein Russe beansprucht hatte! Auf den Straßen des Ortes waren nun viele Sowjetsoldaten zu sehen. Ein Haus am Anfang der Straße war einer russischen Familie übergeben worden. Die sprichwörtliche Kinderliebe der Soldaten äußerte sich in Bonbons, die wir Kinder bettelnd erhielten.

Zusammenbruch und Befreiung!

Zusammenbruch oder Befreiung – was war nun richtig? Bundespräsident Richard von Weizsäcker sprach Jahrzehnte später richtig von Befreiung von der NS-Diktatur. Doch wie sah es damit nach 1945 aus? Von den Sowjets wurde in Anspruch genommen, dass vor allem sie und kaum die anderen Alliierten das deutsche Volk befreit hätten. Später wurde aus dem Tag der Kapitulation der „Tag der Befreiung". Auf vielen Trümmerbergen der Stadt sah man nicht nur die typischen Trümmerpflanzen, sondern auch große Plakate mit dem Bild Stalins und seinem Ausspruch: „Die Hitler kommen und gehen – aber Deutschland bleibt." Deutlich wurde der Anspruch gestellt, Deutschland zu dominieren und es von allen Nazis zu befreien. Die Umbenennung vieler Straßen – auch der unseren – verdeutlichte, was bevorstand: Aus Hitler- und Göringstraßen wurden Karl - Liebknecht- und Rosa-Luxemburg-Straßen, überall gab es Karl-Marx- und Friedrich–Engels–Straßen. Der Nationalsozialismus wurde also rasch abgeschminkt, die neue Ideologie etabliert. Wer in der Weimarer Zeit gelebt hatte, konnte ahnen, was den Deutschen in der SBZ bevorstand – denn damals hatte man die ideologischen Auseinandersetzungen zwischen Kommunisten und Nazis, die zuweilen sehr blutig waren – selbst im abgelegenen Königsberg - , kennen gelernt. Doch die jungen Erwachsenen wollten nun etwas Neues aufbauen und setzten sich schroff von der vergangenen Zeit ab.

Nachkriegskind

Notzeit

Wenn heute von „Kriegskindern" gesprochen wird, dann, so glaube ich, wird wohl eher das Erlebnis der Nachkriegszeit gemeint sein. Denn die eigentliche Not, die diese Generation erlebt hat, mussten wir erst nach der Kapitulation der Wehrmacht durchmachen. Und das Bewusstsein – so ist auch Fachbüchern zu entnehmen – lässt Vorgänge außerhalb des Familienlebens erst so etwa ab dem 5. Lebensjahr wahrnehmen. Ereignisse davor sind selten selbst erlebte; man muss davon ausgehen, dass sie sich durch das Erzählen im Familienkreis festgesetzt haben. Als Erwachsener kann man dem Gedächtnis der Kinder im Alter von 5 oder 6 Jahren schon eher vertrauen.

Was geschah nun in den Jahren unmittelbar nach dem Kriegsende?

Seit dem Mai 1945 waren die Kämpfe zu Ende, die Menschen mussten vor den Flugzeugen keine Angst mehr haben. Doch das Sterben hatte noch längst nicht aufgehört, wie jedes Geschichtsbuch berichtet. Das galt vor allem für die Deutschen, die in Gebieten lebten, die nicht zu den 4 Zonen gehörten, also z.B. in Polen, in Ungarn, in Jugoslawien. Sie wurden ausgewiesen, vertrieben, mussten alles zurücklassen und begaben sich auf die Straßen oder in die Güterwagen auf den Weg in das restliche Deutschland. Viele der Soldaten der Siegermächte nutzten die Überlegenheit aus und drangsalierten die Besiegten, gleich, wo sie waren, und vor allem ihre Frauen. Und diese hofften nun Tag für Tag, dass ihre Männer so bald wie möglich zurückkommen. Doch diese saßen zu Millionen in den Gefangenenlagern (insgesamt 11 Mio.), zum größten Teil unter Lebensumständen, die man sich heute nicht mehr vorstellen kann. So haben die Briten und Amerikaner die Gefangenen einfach auf freie Wiesen zusammengedrängt, einen Stacheldraht darum gezogen und selten genug Wassersuppe verteilt. Viele wurden auch bald entlassen, insbesondere die Jugendlichen, von denen man bei den Befragungen herausbekam, dass sie mit dem gefürchteten Werwolf nichts zu tun hatten. Man glaubte nämlich, dass die Nazis Jugendliche zu Attentaten erzogen hätten, was vielleicht auch hier und da geschehen sein mag, doch nicht die Regel war. Wir wissen heute, dass z.B. in Potsdam die Sowjets mit diesem Vorwurf einen ganzen Freundeskreis von Jugendlichen festgenommen haben, der freilich aus der Luft gegriffen war. Jahrelang saßen sie dafür im Gefängnis, obwohl keinerlei Beweise vorlagen, wurden verurteilt, z.T. übergeben an die Russen, die sie nach Sibirien brachten oder sogar zum Tode verurteilten. In Deutschland, vor allem in der SBZ, herrschte also gleich nach Kriegsende Willkür, so dass jeder gefährdet war. Dass man die offenkundig zur Nazipartei Gehörenden verhaftete und in Lagern zusammen trieb, hatten die Betroffenen sicher erwartet. Die etwas ansehnlicheren Häuser hat

44

man in allen Besatzungszonen requiriert, d.h. die Bewohner innerhalb von wenigen Stunden vertrieben und besonders die Offiziere einquartiert. Wo die Deutschen unterkamen, interessierte nicht. Dann muss man sich vorstellen, dass im allgemeinen Chaos so mancher Flüchtling wieder nach Hause zurückkehrte, z.B. nach Schlesien, und dort bald wieder von den Polen in ein Lager verschleppt oder sofort vertrieben wurde. In Deutschland war auch die Infrastruktur zum großen Teil zusammengebrochen. D.h. in vielen Städten, nicht nur in den zerstörten, funktionierte die Wasser- und Stromversorgung nicht mehr, Züge verkehrten nicht oder nur selten. Es bedurfte vieler mutiger Menschen, bis der Alltag zwar eingeschränkt, aber wenigstens einigermaßen wieder in Gang kam. Die Besatzungsmächte hatten die Initiative, wie sie in Potsdam im Juli/Aug. 1945 beschlossen hatten - nicht die Deutschen! Sie setzten Deutsche in der Verwaltung ein, holten diese oftmals spontan ins Rathaus, so wie das mit Adenauer in Köln geschah. Zunächst fragte man nur oberflächlich nach der Vergangenheit – bis hin zum Beginn der Entnazifizierung war alles nur provisorisch. Die Kommandanturen ordneten aber nicht nur die Verwaltung an, sondern setzten auch eine neue Polizei ein – und sogar Kultureinrichtungen wurden nun wieder in Gang gesetzt.

Neues Leben in den 4 Zonen

In Dresden z.B. regte die sowjetische Kommandantur die Wiederaufnahme der Arbeit der Künstler an. Dem Kreuzchor wurde eine Schule zugewiesen, weil die eigene zerstört worden war. Der Kreuzkantor Rudolf Mauersberger suchte, noch unter dem Schock über die 11 getöteten Kruzianer vom 13. Februar stehend, die in alle Winde zerstreuten Sänger wieder zusammen. Telefonisch war das nicht möglich, sondern nur durch direkte Ansprache und Mundpropaganda, denn Verkehrs- und Kommunikationswege waren noch nicht wieder zu benutzen. Damit verbunden war natürlich der Schulbeginn. Provisorische Theater – oft in erhaltenen Kinosälen der unzerstörten Vorstädte, für die Dresdner in Bühlau – wurden eingerichtet, die darin agierenden Künstler aufgefordert, sich zu melden. Zeitungen gab es langsam auch wieder. Sie mussten lizensiert werden, d.h. eine Genehmigung durch die Besatzungsmacht erhalten. So erschien als erste überregionale Zeitung die „Neckarzeitung" in Heidelberg wieder, lizensiert von den Amerikanern für Theodor Heuss, einem bekannten Politiker aus der Weimarer Zeit, der auf der amerikanischen „Weißen Liste" stand, nach der sich die Besatzungssoldaten richteten. Die Oberbefehlshaber der Besatzungsmächte etablierten auch eigene Zeitungen, die Sowjets z.B. die „Tägliche Rundschau", die Amerikaner die „Neue Zeitung". Kinos begannen langsam wieder zu spielen – eine sehr wichtige Ein-

richtung, weil vielen Deutschen auch die Radio-
apparate von den Besatzungssoldaten weggenommen worden waren und kaum eine
Ablenkungsmöglichkeit vom desolaten Alltag
existierte. Langsam kam die geordnete
Lebensmittelversorgung wieder in Gang. Sie
reichte nie aus, so dass beinahe jeder
Deutsche irgendwo ein kleines Ländchen
bebaute. Und fast täglich kamen Flüchtlinge
und Vertriebene, insgesamt 12,45 Mio., an,
denen Wohnraum zugewiesen werden musste.
Diejenigen, die über ihn verfügten, waren
natürlich nicht glücklich, mit Wildfremden in
einer Wohnung zusammen leben zu müssen,
so dass Konflikte vorprogrammiert waren.
Oftmals geschah die Einweisung der Menschen
ziemlich rabiat: Der Ortsbürgermeister, von der
Besatzungsmacht eingesetzt, machte sich nicht
beliebt, wenn er gegen den Willen der
Einheimischen ihnen vorschrieb, sie müssten
sich jetzt radikal einschränken und den
Flüchtlingen sogar Kochtöpfe, Betten und
Bettwäsche usw. zur Verfügung stellen!
Natürlich versuchten die Menschen, sich auch
selbst gegenseitig zu helfen. Und wenn dann
die Verwandten versagten, wie das uns
passierte, da die Schwägerin meiner Mutter im
benachbarten Klotzsche sich mehr oder
weniger weigerte, uns zu helfen, führte das zu
Auseinandersetzungen, die noch Jahre nach-
wirkten.
Nachdem der Alltag wieder einigermaßen und
sehr provisorisch funktionierte, ging es an die
Eröffnung der Schulen. Meine Brüder fuhren
wieder in die Stadt – natürlich in der überfüllten

Straßenbahn, die nun wieder verkehrte, denn eine Oberschule gab es in Hellerau nicht. Immerhin war das Schulgebäude neben einigen Ruinen in der Neustadt erhalten geblieben. Und auch der erste reguläre Jahrgang 1939 konnte 1945 fast überall eingeschult werden. Allerdings kamen im Laufe der ersten Schuljahre immer wieder neue Schüler hinzu, wenn wieder Flüchtlingstransporte eingetroffen waren. Für die Lehrer war das eine sehr anstrengende Zeit. Es gab ja auch noch keine neuen Bücher; die alten waren wegen des NS-Geistes von den sowjetischen, aber auch den Behörden in den drei anderen Besatzungszonen verboten worden. Also unterrichtete man ohne Bücher. Auch das Papier fehlte zunächst. Die ersten zwei Schuljahre wurde auf Schiefertafeln geschrieben.

Deutschland 1945-50

Ich kam 1946 in die Hellerauer Schule und fühlte mich dort recht wohl, musste nur 150 m weit laufen – am liebsten barfuß, da es an Schuhen fehlte. Erst im Spätjahr 1946 hatte ich dann normales Schuhwerk – noch vor dem kalten Winter 1946/47. Da fiel dann die Schule wegen Kälte oft aus; das Schulhaus hatte nicht genug Kohlen erhalten. Ab und zu ging es in die Gaststätte am Markt Hellerau, damit die Lehrer wenigstens Hausaufgaben verteilen konnten. Wir hatten jeder ein Brikett mitzubringen!
Unterdessen war zu Hause, also in unserem Hellerauer Häuschen, Einiges geschehen:

Wenige Tage voneinander entfernt kamen im September 1945 mein Vater aus englischer, der 18-jährige Bruder aus sowjetischer Gefangenschaft! Der Großvater verstarb im Winter 1946; am Begräbnis bei schlimmster Kälte durfte ich 5-Jähriger nicht teilnehmen. Dennoch war der Platz im Häuschen äußerst eng, denn die Bodenkammer war durch ein Ehepaar, das man eingewiesen hatte, noch lange belegt. Wir hatten dennoch großes Glück gehabt: Wie viele Familien kamen aus den Trauerjahren nicht heraus, hatten seit 1939 einen Toten nach dem anderen zu beklagen – und wir sechs waren alle wieder zusammen! Und nachdem die Post wieder einigermaßen funktionierte, hörten wir auch von den Verwandten, dass sie Flucht und Vertreibung überstanden hatten. Man lebte nun über ganz Deutschland zerstreut: in der Nähe von München, in der Nähe von Hamburg, in der Altmark, in Chemnitz. Zwar waren die Lebensumstände überall fürchterlich, doch umgekommen war niemand – nicht einmal diejenigen, die den Einmarsch der Russen in Königsberg erlebt hatten. Alle waren zwar monatelang unterwegs gewesen – auch mein Vater, der seine Familie in Stuttgart, dann in Nordbayern gesucht hatte, bis er sich endlich sagte, dass meine Mutter nun doch bei ihrem Vater, also bei „den Russen" in der SBZ (Sowjetische Besatzungszone), geblieben war. Er hatte sich das kaum vorstellen können und hing auch den Vorurteilen gegenüber den „Horden" aus dem Osten an. Später sagte er, dass es ihm nicht nur darum gegangen sei, sondern auch um die kommu-

nistische Lehre, die er ebenso wie den Nationalsozialismus verabscheute. Er sollte leider
noch Gelegenheit haben, sich häufiger mit der
kommunistischen Ideologie auseinandersetzen
zu müssen.

Doch es galt nun, zuerst die Familie zu er-
nähren. Das Austragen von Zeitungen war die
erste Beschäftigung. Es folgte die Kontakt-
aufnahme zu der alten Dresdner Firma; die
mein Vater schon in Königsberg für Ostpreußen
und Litauen vertreten hatte. Und diese funktionierte dann auch, wenn auch die Arbeit nur
geringstes Einkommen brachte. Und schließlich
suchte mein ältester Bruder eine Verdienst-
möglichkeit; er wollte Neulehrer in einem
benachbarten Dorf werden.

Da kam er genau richtig, denn die Russen
hatten alle Nazis aus Schule, Verwaltung und
Polizei rausgeworfen, insgesamt sollen es 80

*Bild 9: Dresden , Freiberger Str. von der Annenkirche
aus Richtung Postplatz 1951*

Prozent in der SBZ gewesen sein – ohne nach Einzelheiten zu fragen. Viele von ihnen landeten für 10 und mehr Jahre in Gefängnissen und gerieten gar in die Lager im Norden Sibiriens. Auch in der US-Zone war man ziemlich rabiat und entließ die Nazis. Dass das bald anders werden würde, war 1945 noch nicht zu erkennen. Auf jeden Fall waren unbelastete junge Leute gern gesehen; man konnte ihnen ja nebenbei eine Ausbildung zukommen lassen – und sie nicht zuletzt vom „demokratischen" Neuanfang in der SBZ überzeugen. Die erwachsene Jugend hatte also nach Ende des Krieges sehr große Chancen, sich eine Existenz aufzubauen, wenn sie genügend Engagement mitbrachte und ideologisch positiv eingestellt war, sich also für die kommunistische Sache einsetzte. Dass gerade jene wie mein Bruder, die den Krieg aktiv erlebt hatten, an der Front gewesen waren, mit Feuereifer dabei waren, kann man auch heute noch verstehen. Sie sahen eine neue, gerechte und friedliche Welt vor sich, wenn sie mitarbeiteten. Unter schwersten Bedingungen unterrichtete mein Bruder Volksschulklassen mit 40 – 50 Kindern und arbeitete am Tage und oft genug auch in der Nacht. Informationen über die verbrecherischen Aktivitäten der Besatzungsmacht gab es nicht, höchstens über die Bestrafung von ehem. Nazis, die man als gerecht ansah. Dass sich viele Sozialdemokraten, auch Bürgerliche, die sich den Kommunisten in den Weg stellten, in den alten KZ's, nun „Sonderlager" genannt, wiedersahen, erfuhr zunächst keiner, höchstens geflüstert von Bekannten. Makaber war dabei, dass dort so mancher seinem ehemaligen KZ-Bewacher als Gefangener begegnete!

Bild 10: Hellerau, Schule in der Schroederstr.

Mit diesen Problemen war ich mit meinen 6 Jahren natürlich nicht befasst. Ich besuchte in Hellerau eine Schule, die einmal in den 20er-Jahren ein besonderes pädagogisches und künstlerisches Konzept umsetzen wollte in Zusammenarbeit mit dem Festspielhaus, demnach Teil der „Hellerau-Idee" war. Doch nun war sie vergessen. Die Schule war wie alle eine typische „Einheitsschule", wie sie die sächsische Kulturverwaltung in Übereinstimmung mit der Besatzungsmacht überall einrichtete. Ich fühlte mich in ihr wohl – zumal auch die vielen Kinder von der Straße in meiner Klasse waren. Daher erinnere ich mich mehr an die Spiele auf der Straße und in den Gärten der

Häuser als an den Unterricht. Eines schönen Tages wurden wir aufgefordert, „Junge Pioniere" zu werden. Ich wusste gar nicht, was das sein sollte, trat aber ein, weil alle Freunde dabei waren. Die „Gruppennachmittage" hinterließen aber keinen besonderen Eindruck. Da war anderes wichtiger: Einmal organisierte eine besonders kinderliebe Bewohnerin des uns gegenüberliegenden Hauses eine Kinderhochzeit. Ich „heiratete" meine liebste Freundin Annerose. Und eine große Anzahl von Hochzeitsgästen bewirtete jene Dame.

Bild 11: Kinderhochzeit in der Schroederstraße, Sommer 1949

Darüber vergaß man den Hunger jener Jahre. Einmal war er aber so schlimm, dass es zu Hause nur gefrorene grüne Tomaten gab! Natürlich wurde ich auch zum Hamstern mitgenommen, weil ich so bedürftig aussah, so dass der Erfolg größer war als ohne mich. Wir konnten den Bauern einige Büroartikel anbieten, die mein Vater noch aus Königsberg an den Großvater geschickt hatte.

In dieser Zeit bekam ich natürlich nur ganz selten die politischen Veränderungen mit. Ausnahme war, dass ich bemerkte, wie mein Vater über Kurzwelle den Londoner Rundfunk abhörte, der Nachrichten aus und über die SBZ brachte. Er sagte mir, ich dürfte niemandem davon erzählen. Nicht vergessen sind auch die vielen Stromabschaltungen, die allerdings auch eine positive Nebenwirkung hatten: Man saß gemütlich bei Kerzenlicht zusammen.

Doch damit wird auch auf die elende Situation hingewiesen, in der Deutschland damals, freilich selbstverschuldet, steckte. In den vier Zonen, die die Siegermächte eingenommen hatten, herrschten zum Teil sehr unterschiedliche Lebensbedingungen. Die besten, so glaubten damals viele, gab es in der US-Zone, in der auch ein Teil der Verwandten Zuflucht gefunden hatte. Eine Familie war zwar in einem kleinen Dorf südlich von München gelandet, also in der Nähe der Großstadt, so dass sie es dort wagte, eine Schreinerei aufzubauen. Der Onkel war in Königsberg Innenarchitekt gewesen und traute sich das zu. Das Vorhaben gelang in einem Keller, der von einem Mietshaus in der Innenstadt, in der Barer Str., übrig geblieben war. Doch die weiten Wege bei miserabelsten Verkehrsverhältnissen zwangen dazu, eine „Zuzugsgenehmigung" zu beantragen und eine Wohnung zu suchen. Und das ging über eine sehr lange Zeit hin, bis beides realisiert war. Die schulpflichtigen Kinder hatten wie wir in der SBZ unter der Entlassung vieler Lehrer, die in der NSDAP gewesen waren, zu leiden, doch im Laufe ihrer Schulzeit verbesserte sich die Schulsituation auch in Bayern. Andere Verwandte waren in der Britischen Zone gelandet, wo die Besatzungsmacht mit der Aufarbeitung der Vergangenheit nicht so formalistisch umging wie die Amerikaner. Doch auch hier nördlich von Hamburg war die Wohnsituation sehr schlecht. Es dauerte Jahre, bis die Familie ein Barackenlager verlassen konnte, um in einer normalen Wohnung unterzukommen. Besonders schlecht aber erging es einer Tante, die in eine Kleinstadt in Sachsen-Anhalt in der SBZ eingewiesen worden war. Sie hatte zunächst nur ein Zimmer, in dem sie ihren Klavierunterricht, den sie auch schon in Königsberg gegeben hatte, durchführte und gleichzeitig leben musste. Wasser und Toilette gab es nur außerhalb der Wohnung. Ganz ähnlich erging es einer anderen Tante, die erst zu uns eingewiesen worden war, obwohl wir keinen Raum hatten, und die dann mit Ausnahmegenehmigung bei ihrer Verwandten in Dresden-Neustadt wohnen durfte. Auch sie gab Klavierunterricht – natürlich nach ganz altmodischen Vorstellungen. Man hatte strenge Fingerübungen zu absolvieren und bekam mit einem Stöckchen kleine Schläge auf die Hand, wenn es nicht klappte. Doch ich hatte nur 2

Jahre bei ihr Unterricht; danach war ich bei einer anderen Lehrerin, Fräulein Steinbach, die ebenfalls ihren Beruf und ihren Alltag nur in einem Zimmer bewältigte, weil die Raumnot in Dresden besonders krass war. Doch immerhin lag jenes Zimmer in einer großzügigen Villa in Blasewitz, einem ehemals (und heute wieder) vornehmen Viertel, in das nun viele Ausgebombte zwangsweise eingewiesen worden waren.

Von den politischen Umständen, die in dieser Zeit die Menschen bewegten, spürte ich als Kleinkind wie auch als Schulkind wenig. Dass man in den Westzonen schon daran ging, ein demokratisches System mit Hilfe der Amerikaner und Briten aufzubauen, die Bizone ab Dezember 1946 einrichtete, war mir ebenso wenig bekannt wie die besonderen Verhältnisse in der Französischen Zone, in die ja zunächst keine, erst später dann auch einige Flüchtlinge eingewiesen wurden. Die Lebensmittelversorgung war anfangs hier ähnlich miserabel wie bei uns in der SBZ. Ein Freund erzählte später, dass man auf dem Bauernhof eine ganze Familie untergebracht hatte, der es nach seinen Aussagen gut ging, weil die Eltern die Flüchtlinge mit versorgten. Unangenehmeres hörte ich später von Kollegen, die dort aufgewachsen waren und das Weiterleben der nazistischen Ideologie besonders auf dem Lande in der Französischen Zone beklagten. Doch man weiß ja heute, dass dieses Weiterleben nicht Sache einer Zone war. Die Entnazifizierung bewirkte nur wenig – nur Aufregung über die bürokratische Form mit ellenlangen Fragebögen und umständlichen

Gerichtsverfahren bzw. Spruchkammern. So mancher Nazi hatte sich von seinem Ortspfarrer seine angebliche Unschuld bestätigen lassen. Dass die Spruchkammern zum Teil aber durchaus wirksam arbeiteten und „große" Nazis keinen Einfluss mehr erhielten, erfuhr ich später. Ein Verwandter meiner Frau wurde als ehem. Pg. (Abkürzung für NSDAP-Parteigenosse) in Ludwigsburg monatelang festgehalten, um danach Arbeiten an einem Abwasserkanal zu machen, bevor er wieder seine Prokuristenstelle in einem Industriebetrieb einnehmen durfte. Nach wenigen Jahren, so glaubten auch viele Amerikaner, war die Nazi-Vergangenheit aufgearbeitet.

Welche Illusion! Denn erst mit den Prozessen der 60er-Jahre und dem „Holocaust"-Film (1979) setzte eine tatsächliche Aufarbeitung der NS-Zeit im Westen ein.

Eine neue Zeit?

Doch immerhin spürte man auch in der SBZ durch die Gespräche zwischen den Erwachsenen, dass sich die Zeiten anfingen zu verändern. Immer stärker wurden sowjetische Vorstellungen auch in den Privathäusern wahrgenommen. Mein Vater brachte Berichte von kleinen Unternehmern mit, die fürchteten, ebenfalls wie die Großbetriebe enteignet zu werden. Die Bauern gaben privat nur wenig Milch ab, weil darauf strenge Strafen standen: Nur heimlich durfte ich zeitweise bei einem Bauern in Altklotzsche Milch holen. Die Parolen, die überall zu lesen waren, verehrten den großen Führer Stalin, dankten für den Einsatz und die Hilfestellung der Sowjetsoldaten, spornten zu mehr Arbeit an durch die Propagierung der Aktivisten-Bewegung seit Adolf Henneckes Aktion nach dem Vorbild von Stachanow in Russland. Und nicht zuletzt wurde auf die angeblich imperialistische Entwicklung im Westen hingewiesen, auf die Spaltungstendenzen der „Adenauer- und Erhard – Clique". Die Erlebnisse von Flucht und die Erinnerungen an die ostdeutsche Vergangenheit fingen an zu verblassen, weil gegenwärtige Probleme wichtiger wurden. In meiner Familie war das durch die immer stärkere Hinwendung meiner Brüder zur sozialistisch geprägten Umwelt zu erkennen. Doch richtige Auseinandersetzungen gab es nur selten. Gewöhnliche Alltagsprobleme standen im Vordergrund: Wo gab es irgendwas zu kaufen, wann kommen die Kohlen, wie viel muss man zukaufen, weil die Zuteilung nicht ausreichte, usw. Und natürlich ging es ums Geld. Denn die Verdienste waren so gering, dass meine Mutter – und sicher war das auch in den meisten anderen Familien der Fall – jeden Pfennig einzeln zählte und aufschrieb. Das Ost-West-Verhältnis verschlechterte sich deutlich (Truman-Doktrin und Marshallplan sowie die Warschauer Rede Shdanows, der rechten Hand Stalins). Die Berliner Blockade (1948/9) zeigte scharfe Spannungen, die in einen neuen Weltkrieg hätten führen können, was ich als Kind nicht wahrnahm. Das war in der SBZ sowieso klar, denn Sowjets und auch die

SED behaupteten, es gäbe gar keine Blockade; die West-Berliner hätten ja ohne Weiteres im Osten einkaufen können; doch die westlichen Besatzungsmächte hätten ihnen das verboten. Damit taten sie so, als wäre die West-Berliner Bevölkerung unfähig gewesen, die Situation richtig einzuschätzen: Schließlich war die Knappheit der Waren in der SBZ bekannt, und niemand wollte der Bevölkerung etwas wegnehmen! Doch die Aussage diente dazu, die USA als eigentlichen Spalter Deutschlands anzuklagen. Heute weiß man, dass beide Seiten gleichermaßen an der Spaltung beteiligt waren.

Eine Änderung der wirtschaftlichen Situation wurde natürlich auch durch die Währungsreform erwartet. Doch in der SBZ hatte diese nicht jene Bedeutung, die man in den Westzonen erleben konnte. Hier füllten sich nicht von heute auf morgen die Geschäfte mit Waren. Wurde nämlich jemand im Osten erwischt, der Waren hortete, so wurde er der Wirtschaftskriminalität bezichtigt und wanderte ins Gefängnis oder gar nach Sibirien. Dass aber die wirtschaftlichen Bedingungen hier schlechter waren als im Westen, spürte man bereits im dritten Jahr nach dem Kriegsende. Denn die USA konnten helfen – die Sowjetunion nicht; dafür war sie von der Wehrmacht zu stark zerstört worden. Dazu kam der Umbau der kapitalistischen in sozialistische Verhältnisse: Die Bodenreform und die Enteignungen hinterließen Mängel, die sich in der Zuteilung auswirkten: Vollmilch gab es offiziell nur für

Neugeborene und Schwerstarbeiter, andere mussten sich mit Magermilch oder gar Molke begnügen. Ich erinnere mich, dass ich zur Molkerei im benachbarten Vorort Klotzsche geschickt wurde, um nach Molke anzustehen! Und wie oft musste man lange Schlange stehen, wenn endlich z.T. halb verfaulte Kartoffeln im Laden eingetroffen waren! Und man war froh, dass man wenigstens diese bekam. Wegen Unterernährung durfte ich an einer Speisung, sprich: am Mittagessen im Evang. Gemeindehaus Klotzsche teilnehmen. Ich denke, es war ein Jahr lang ein etwa 2 - 3 km langer Weg zum Mittagessen. Inwieweit er sich gelohnt hat, weiß ich nicht mehr. Aus gleichem Grunde wurde ich per Bahn einmal im Sommer aufs Land geschickt. Ob ich mit ein paar Kilo mehr nach 2 Wochen zurück kam, weiß ich ebenfalls nicht mehr. Jedenfalls gehörte ich nicht zu den Kindern, die großes Heimweh hatten. Schließlich wuchs ich in einer großen Familie auf, so dass übertriebene Gefühle entsprechend kommentiert wurden. Außerdem war es bei den Freunden und Freundinnen auf der Straße so schön, dass eine, wenn auch relativ kurze Abwesenheit von zu Hause selbstverständlich war. Mit Annerose zusammen ging ich auch in die Kirche und „heiratete" sie bei der Kinderhochzeit, die ich schon erwähnt habe.

In der Kirche gefiel es mir gut – ohne dass die Eltern immer dabei waren. Ich konnte auch im Kinderchor der Gemeinde mitsingen, was mir viel Spaß gemacht hatte. Einmal sang ich sogar

im Weihnachtsgottesdienst ganz alleine irgendein Lied, was der Gemeinde gut gefiel. Meine
Mutter ging zwar auch ab und zu am Sonntag in
unser kleines Kirchlein, und sie verteilte sogar
das Kirchenblättchen, was die Kommunisten im
Ort sehr wohl vermerkten - doch eine besonders eifrige Christin war sie nicht. Die Leute im
Ort fragten sich sicher, wie ihr Verhalten mit der
Gesinnung ihrer Kinder vereinbar war, denn
diese näherten sich schrittweise der SED an,
der damals gegründeten kommunistischen
Partei, zwangsweise aus KPD und SPD
gebildet. Zuerst wurde mein ältester Bruder, der
Neulehrer, Mitglied, später – den Zeitpunkt
weiß ich nicht – die beiden anderen Brüder. Ich
hörte manchmal kurze Auseinandersetzungen
zwischen meinem Vater und ihnen, wenn sie
die neuen Bedingungen in der SBZ vertei-
digten. Wie stark die Diskussionen waren, kann
ich aber nicht sagen. Ich habe nur schon als
Kind erlebt, dass mein Vater deutlich die
wirtschaftlichen Veränderungen kritisierte. Er
konnte sich ja als selbstständiger Vertreter für
chem. Bürobedarf (besonders der Fa. Leon-
hardi, einer bereits 1826 gegründeten Firma,
die seit 1856 Tinten usw. produzierte, 1953
enteignet) noch relativ offen äußern, war aber
insofern in die neue Ordnung eingebunden, als
dass sie auch und gerade nach der Währungsreform eine Verteilungswirtschaft war. Seine
Vertreter - Besuche bei den Geschäften waren
nur dazu da, den Inhabern zu vermitteln, nicht
wie viel, sondern wie wenig Ware sie erhalten
würden.

Ein Wendepunkt in meinem Leben: Dresden-Hellerau Sommer 1950 (Fiktion)

Ich: Die Kantorin hat mir gesagt, ich solle mal beim Kreuzchor vorsingen. Ich hätte eine schöne Stimme.

Mutter: Das ist ja prima. Dann wollen wir mal sehen, wie wir das einfädeln können. Was meinst du dazu, Georg?

Vater: Das ist schön für dich. Ich gebe deiner Mutter recht. Sicher musst du Mauersberger auch noch vorsingen.

Ich: Das kann ich sicher machen. „Lobet den Herren" kann ich schon auswendig.

Vater: Doch du musst wissen, dass das auch heißt, dass du dann im Internat untergebracht werden wirst. Schließlich ist es von Hellerau aus zu weit nach Blasewitz. Du wärst ja eine ganze Stunde unterwegs, müsstest jeden Tag um 5 aufstehen.

Ich: Das ist doch nicht so schlimm!

Vater: Na, mein Junge, das siehst du wohl als etwas zu leicht an.

Mutter: Schön wäre es freilich für uns, wenn dann im Häuschen mehr Platz ist. Doch mir wirst du immer sehr fehlen.

Vater: Ich weiß nur, dass erst ein Vorbereitungsunterricht bei Frau Lange-Frohberg vorgeschrieben ist. Und jetzt haben wir schon Frühsommer und im September beginnt das 5. Schuljahr. Das wird knapp werden.

Mutter: Da kann ich ja viel helfen. Frau Lange-Frohberg wird sicher mehrmals in der Woche mit dir üben, und wir können am Abend noch mal alles wiederholen.

Vater: Doch du weißt ja, nach Bühlau ist es auch ein weiter Weg.

Ich: Das macht nix. Ich fahre gerne Straßenbahn. Und Tante Elschen kann mir doch Klavierstunden geben, das ist ja auf dem Weg nach Bühlau.

Mutter: Ja, so wird das wohl laufen, wenn dich der Kreuzkantor aufnehmen will. Ich werde erstmal die Sekretärin von Mauersberger anrufen.

Man fragt sich natürlich, woher meine Eltern die Einzelheiten kannten. Die Ursache ist in der Kindheit meiner Mutter zu finden, die in Dresden aufgewachsen war. Sie war sicher auch in den 30iger Jahren im Konzert des Dresdner Kreuzchores im Königsberger Dom gewesen, weil sie musikalisch stark interessiert war. Schließlich wollte sie in ihrer Jugend einmal Klavierlehrerin werden.

Übergangszeit: Währungsreform, neue Aussichten für mich

Eigentlich begannen die 50er schon 1948 mit der Währungsreform: Im Westen wurden die Lebensumstände auf einen Schlag besser, während wir im Osten noch lange darauf warten mussten. Zunächst war es für uns in Dresden unangenehm. Es gab anfangs nämlich kein neues Geld, sondern nur Märkchen auf die Reichsmarkscheine. Und diese haben mir mehrmals viel Ärger eingebracht. Denn sie klebten so schlecht, dass ich davon zweimal welche verlor, so dass der Geldschein dann nichts wert war. Meine Mutter war sauer. Doch mein Vater verstand zu vermitteln. Er sagte, dass es doch nur kleine Scheine waren und dass „der Junge" (manchmal war ich auch „der Kleine") doch nichts dafür könne, wenn der Ost-Leim so schlecht sei. Von den Verwandten im Westen hörten wir, wie es dort aufwärts ging, während in Dresden immer wieder Strom-sperren angesagt waren und das Gas am Sonntag (weil jedermann zur gleichen Zeit kochte) kaum die Kartoffeln gar werden ließ. Außerdem waren die zugeteilten Rationen ziemlich dürftig, wenn sie auch im Herbst 1949 aufgestockt wurden. Eine SED-Delegation war nämlich, wie man heute weiß, nach Moskau gefahren und machte den Russen klar, dass es für ihre Politik günstig sei, wenn wir in der SBZ besser versorgt würden, bevor die DDR als zweiter deutscher Staat proklamiert wird. Die Bundesrepublik machte sich unterdessen auf, die Trümmer rasch zu beseitigen:; Neue

Geschäfte gab es jetzt in den provisorisch aufgebauten Innenstädten, während wir im Osten, vor allem natürlich in Leipzig, Dresden und anderen schwer zerstörten Städten, gerade mal die Straßen frei geräumt bekamen. Die Straßenbahnen, wie ich ein Jahr später, 1950, mit bekam, fuhren durch die Trümmerwüsten, hielten an Haltestellen, die von früher her noch existierten, ohne dass man irgendwelches Leben sah. Und doch stieg der eine oder andere aus, weil in den noch brauchbaren Kellern vielleicht irgendeine Produktionsstätte errichtet worden war.

Ja, nach dem Vorsingen bei Mauersberger, der mein „Lobet den Herrn" schön fand, begann die Büffelei: Morgens Schule, anschließend schnell essen und täglich mit der Straßenbahn nach Bühlau. Die vornehme Wohnung von Frau Lange-Frohberg beeindruckte mich, waren wir zu Hause doch sehr einfach eingerichtet und mussten ja froh sein, nicht in einer Baracke zu hausen wie so viele Flüchtlinge – nein „Umsiedler". Den ersten Begriff durfte man ja nicht verwenden, nur im Westen, weil die Kommunisten behaupteten, wir wären „friedlich" umgesiedelt worden und nicht vor den Russen geflohen. Dabei benahmen sich die Sowjetsoldaten auch in Dresden oft recht gemein. Ein Beispiel: Zwischen Hellerau und der Königsbrücker Straße, im sogen. Abzweigwäldchen (Abzweig der Straßenbahn) war eine Frau vergewaltigt und ermordet worden, was gerüchteweise einem Russen angelastet wurde. Natürlich wurde darüber nichts in Rundfunk oder Zeitung gebracht.

Frau Lange-Frohberg triezte mich gewaltig. So manches Intervall brachte ich auf Anhieb nicht zustande. Der „Weinlig" – ein Übungsbuch für Anfänger aus dem frühen 19. Jh. - war aber auch ungeheuer schwer. Ich hoffte, dass meine Mutter mit mir am Abend nochmal alle Übungen durchgehen würde, damit ich das nächste Mal beweisen konnte, dass ich sie doch beherrschte. Nach der Stunde in Bühlau ging es fast regelmäßig gleich zum Klavierunterricht bei meiner Tante in der Neustadt, Von der Straßenbahn aus waren nur wenige Meter zu Fuß zurückzulegen. Hier waren öfters die Hände nicht flink genug, dass es einen kleinen Schlag auf die Finger gab. Doch Schritt für Schritt wurde es besser. Sie gab natürlich auch Aufgaben mit. Dann ging es wieder mit der Linie 8 zurück nach Hellerau. Es blieb kaum Zeit, doch noch ein paar Hausaufgaben für die Schule zu machen. Sie fielen mir Gott sei Dank nicht schwer.

Einmal muss ich so müde gewesen sein, dass ich im Wartehäuschen am Platz der Einheit (heute Albertplatz) ganz plötzlich meine 8 sah, vielleicht halb eingeschlafen war, nicht aufpasste und losrannte, ohne nach links zu schauen. Damals gab es zwar nur wenig Verkehr, doch in dem Moment kam einer der seltenen Lkws und erwischte mich, stieß mich um. Große Aufregung. Der Volkspolizist vom „Häuschen" kam daher, Leute standen um mich herum und immer wieder wurde gefragt, wie es mir ginge. Ein Rotkreuzwagen kam, brachte mich ins Neustädter Krankenhaus, wo die

66

Untersuchung ergab, dass ich nicht mal irgendwas gebrochen hatte. Die Eltern waren von einem Polizisten benachrichtigt worden und holten mich ganz aufgeregt aus dem Krankhaus ab. Es war also noch mal gut gegangen.

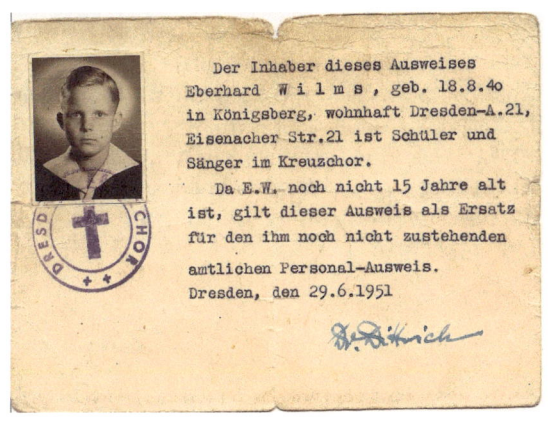

Der Inhaber dieses Ausweises
Eberhard W i l m s , geb. 18.8.40
in Königsberg, wohnhaft Dresden-A.21,
Eisenacher Str.21 ist Schüler und
Sänger im Kreuzchor.
    Da E.W. noch nicht 15 Jahre alt
ist, gilt dieser Ausweis als Ersatz
für den ihm noch nicht zustehenden
amtlichen Personal-Ausweis.
Dresden, den 29.6.1951

Bild 12: Kruzianer-Ausweis (wegen der Konzerte, die oft erst 20 Uhr begannen, notwendig)

Das neue Schuljahr, das 5., begann wie damals immer im Osten, am 1. September. Nach den Gr. Ferien ging es mit den Gesangs- übungen weiter, der Klavierunterricht fiel mir nun leichter, weil ich in der Ferienzeit ordentlich geübt hatte. Und im Spätherbst hieß es, dass Mauersberger mich prüfen wolle. Offensichtlich wollte er meinen Sopran noch für das Weih- nachtsoratorium haben. Das Vorsingen und

Vorspielen ging gut, so dass ich an meinen ersten normalen Proben teilnehmen durfte. Doch die Schule sollte ich erst nach Weihnachten wechseln, so dass es nur einige Proben waren. Am 4. Advent 1950 sang ich einige Teile des Weihnachtsoratoriums in der Garnisonskirche mit – das erste schöne Erlebnis im Chor. Im neuen Jahr sollte es zu Wilhelm Piecks Geburtstag nach Berlin gehen. Ich sollte mitsingen und – was für eine Ehre!! - durfte, weil der Bus sehr früh losfuhr, in Mauersbergers Privatwohnung übernachten. Wie der Auftritt dann in Berlin war, weiß ich nicht mehr

.

Die heute legendären Fünfzigerjahre

Zwei neue Staaten in Deutschland

Wilhelm Pieck, früher KPD-, jetzt zusammen mit Otto Grotewohl SED-Vorsitzender, war der Repräsentant des neuen Staates, der DDR, die zur gleichen Zeit wie im Westen die Bundesrepublik entstanden war. Genügte bei uns im Osten eine Erklärung der Russen, der neue deutsche Staat würde selbstständig sein (erste Volkskammerwahlen mit nur einer einzigen Liste der „Nationalen Front" gab es erst 1950) – was objektiv natürlich nicht zutraf, mussten doch noch bis zum Ende der DDR 1989/90 Moskauer Anweisungen befolgt werden – hatte es bereits im August 1949 im Westen freie Wahlen mit vielen Listen gegeben. Daher gab es im neuen Bundestag in Bonn auch mehrere selbstständige Parteien. Das Parlament wählte den ersten Bundeskanzler Konrad Adenauer. Er bildete die Bundesregierung und wurde von Theodor Heuss, dem Bundespräsidenten, pro forma ernannt. Zwar waren auch im Westen die Politiker von den drei Westmächten abhängig, was im Besatzungsstatut festgelegt worden war, doch in vielen Bereichen waren von Anfang an freie Entscheidungen möglich. So gab es z.B. sogar eine KPD, obwohl deren Freunde in Moskau gerade West-Berlin blockiert hatten. Erst nach einem sehr aufwändigen Verfahren wurde die Partei 1956 verboten. Im Westen gab es auch eine freie Justiz, in der freilich viele alte Nazis großen Einfluss hatten, während sie im Osten nicht zur Geltung kamen. Dafür war die angeblich „sozialistische" Justiz in der DDR derartig scharf (Hilde Benjamin als Ministerin war der Inbegriff der stalinistischen Willkür-Justiz.), dass im Osten große Angst verbreitet wurde. Viele Urteile, z.B. bei den schrecklichen Waldheimer Prozessen (die zwar gegen alte Nazis gerichtet waren, offensichtlich aber unschuldige Gegner des Ost-Regimes trafen), waren dafür verantwortlich. Auch wenn die Stasi noch im Aufbau begriffen war, wurde es für Regimegegner immer gefährlicher, im Osten zu bleiben, wollten sie nicht in den schlimmen Gefängnissen und Lagern im Ostblock verschwinden. Viele gingen daher in den Westen, was damals noch ohne Lebensgefahr möglich war. Selbst sich gegen irgendwelche Wirtschaftsmaßnahmen zu äußern, konnte direkt ins Gefängnis führen. Ein Onkel, Mathematiker in einer großen Versicherungsanstalt, saß ein Jahr lang in Einzelhaft ohne jede begründete Anschuldigung. In einem Prozess musste das Gericht aber dann anerkennen, dass die Anklage nicht gerechtfertigt war. Es ist klar, dass dieser Onkel nach seiner Haftzeit bald nach West-Berlin ging, obwohl er ganz besondere Bindungen an Dresden hatte.

Kinderzeit im Dresdner Kreuzchor

Ab Januar 1951 kam ich in die 5. Klasse in Blasewitz im gleichen Gebäude, in dem das Internat untergebracht war. Ich konnte nun am normalen Chorleben teilnehmen, fuhr aber am Abend wieder nach Hellerau. Und am Morgen weckte mich meine Mutter zu Schlafenszeiten. Kurz nach 6 Uhr fuhr die Bahn. Weil das auf Dauer nicht durchzuhalten war, konnte ich dann ab Februar im Internat (auch Alumnat genannt) unterkommen. Ein Platz war frei geworden; warum, das erfuhr ich nicht. Ich war nun sozusagen „normaler" Kruzianer: Nach dem Aufstehen im großen Schlafsaal rannte man über den Gang zum Schrankraum, holte Seife, Handtuch und Zahnputzzeug, wusch sich, zog sich an und ging eine Treppe tiefer in den Speisesaal. Eine kurze Andacht, zumeist war es das Verlesen der Tageslosung, folgte, dann der Unterricht. Anschließend war die anderthalbstündige tägliche Probe, erst jetzt gab es Mittagessen. Dieses war vielleicht reichlicher als zu Hause, denn wir hatten im Chor die „Schwerarbeiterkarte", so dass die Küche besser aufgestellt sein konnte. Ich erinnere mich noch daran, dass meine Eltern immer sehr froh darüber waren, wenn ich in den Großen Ferien mit „Reisemarken" ankam, die ausgegeben wurden, wenn längere Zeit keine Schule und auch kein Chorleben stattfand – und das war eben immer in den Gr. Ferien der Fall. Das bedeutete nämlich, dass man z.B. auch mal außerhalb einkaufen und essen gehen konnte, weil die Reisemarken überall gültig waren.

Am Nachmittag mussten im „Arbeitssaal" die Hausaufgaben gemacht werden, ein wenig Freizeit gab es auch, bevor die Abendprobe stattfand. Diese war für die „Kleinen" natürlich wichtig, weil sie sich auch in die Standardwerke einsingen mussten; die „Großen" hatten oftmals frei – sie waren ja auch durch die Schule mehr belastet als wir „Kleinen". Nach dem Abendessen gab es die Abendandacht und - so erinnere ich mich noch dunkel – 20 – 20.30 Uhr ging es ins Bett. Dort hörte ich etwa im Alter von 12/13 Jahren noch mit Detektor Radio, natürlich verbotenermaßen. Oder irgendjemand erzählte gruselige Geschichten, um uns Kleine zu erschrecken. Und manchmal war es natürlich auch lustig. Die „Großen" durften länger aufbleiben, in den Kl. 11 und 12 bis 22 Uhr. Der Schlafsaal, in dem ich zuerst schlief, fasste 50 Betten nebeneinander; jeder hatte einen Nachttisch neben sich. Später wurde ich in den „kleinen" Schlafsaal mit „nur" 30 Betten umquartiert. Gegen Ende der Schulzeit wurden im obersten Stockwerk Zimmer ausgebaut, so dass ich am Ende der Schulzeit mit nur 5 Klassenkameraden im Raum schlief.

An den Schulunterricht erinnere ich mich leider nur sehr lückenhaft; bei Ehemaligentreffs stelle ich das immer wieder fest. Einzelne wesentliche Dinge sind mir allerdings noch präsent, z.B. besondere Lehrer-Typen. Mit Dr. Leopold, Mathe- und Physik-Lehrer, und Dr. Hoffmann, Latein- und Griechisch-Lehrer, und Schiller, Kunst-Lehrer, hatten wir noch ältere Lehrer, was in der DDR ungewöhnlich war, denn man hatte ja nach 1945 sofort alle Mitglieder der

NSDAP und anderer Nazi-Organisationen entlassen; nur 20 %, die vor 1945 nicht organisiert waren, blieben im Amt. Besonders Dr. Leopold als mein letzter Klassenlehrer fand ich sehr interessant. Er konnte noch viel aus der Zeit der Weltwirtschaftskrise erzählen – und tat das gerne, was wir Schüler ausnutzten. Andere Lehrer brachten uns viel bei, z.B. Herr Springer in Biologie oder Frau Koch in Deutsch. Herr van Loyn verstand es sogar, mir chemische Abläufe verständlich zu machen. Sport gab es selten; eine Turnhalle hatten wir nicht, mussten diese in der benachbarten 63. Grundschule, der wir anfangs auch organisatorisch angeschlossen waren, benutzen oder turnten im Heizungsgang im Keller des Internats. Der Geschichtsunterricht fand bei Herrn Pièce statt, von dem es hieß, er sei als Pole in der SU gewesen und gar nicht ausgebildet. Daher konnte er wohl auch nicht bzw. schlecht unterrichten. Es kann auch sein, dass er Russisch gab. Und diese Sprache hatte es bei fast allen Deutschen in der SBZ und der späteren DDR schwer – empfanden wir sie doch als die ungeliebte Sprache der Besatzer. Unser erster Russisch-Lehrer und Klassenlehrer, Herr Müller, schien uns nur eine Lektion voraus zu sein. Kurz: Der Russisch-Unterricht war In einem erschreckenden Ausmaß in der Hand von Laien. Als in der 11. Klasse die erste ausgebildete Lehrerin „Fräulein", wie man damals noch sagte, Konrad – und die auch noch hübsch! – diese Sprache versuchte beizubringen, begriff ich erst, wie schön Russisch sein kann. Zuvor gab es in den Lektionen stets nur Partei-Russisch, so dass wir vielleicht die erste Seite der „Prawda" hätten lesen können, aber kein Einkauf möglich gewesen wäre. Geschichte, Staatsbürgerkunde und Russisch waren für uns so stark durchideologisierte Fächer, dass wir von Anfang an eine negative Einstellung hatten und uns geradezu weigerten, für sie etwas zu lernen. Nur der Einfluss der Russisch-Lehrerin in den zwei letzten Schuljahren änderte das ein wenig. Freilich glaube ich bis heute, dass hinter dem „Wir" alle Mitschüler standen, doch kann ich das natürlich nicht behaupten. Und trotz alledem müssen wir ja doch ziemlich viel gelernt haben, denn alle bestanden das Abitur, das auch damals schon in der DDR zentral geregelt war. Und das bei der äußerst starken chorischen Belastung! Zwar lese ich in den heutigen Berichten vom Chorleben, die man über den Ehemaligen-Club (ein „Verein" wollen wir nicht sein!) erhält, dass die Kruzianer immer noch sehr viel arbeiten und enorm viele Auftritte bewältigen müssen – doch in den Fünfziger Jahren scheint es doch noch mehr gewesen zu sein.

Ideologisierung der DDR

Zur gleichen Zeit erlebten die Altersgenossen in viel krasserem Ausmaß als wir in den Klassen des Kreuzchores eine sich immer mehr ideologisierende Welt kennen. Die Schrauben wurden in der DDR stärker und stärker ange-zogen, so dass ein Ausweichen kaum noch möglich war. (Siehe dazu die ersten Romane von Uwe Johnson, Mutmaßungen über Jakob

74

und Das dritte Buch über Achim) So gab es auch bei uns Werbung für die FDJ, der sehr viele beitraten, um Ruhe zu haben, denn wir meinten zu Recht, dass diese Organisation bei uns in Schule und Internat kaum eine Rolle spielen würde, weil wir ja viel zu selten dazu Zeit haben würden. Aber selbst im Chor bzw. in der Schule spürten wir, dass sich der angebliche Sozialismus immer mehr einmischte. Beispielsweise war der Religionsunterricht nicht mehr möglich. Ich erinnere mich noch, dass wir an Abenden einige Stunden hatten – freilich zu einer Zeit, in der kein Schulunterricht war. Später gab es nach unserer Konfirmation auch einige Stunden der Jungen Gemeinde, die man Anfang der 50er-Jahre massiv verfolgte; es war ein regelrechter Kirchenkampf. Überall hieß es, die Junge Gemeinde sei eine Organisation des „Klassenfeindes". Doch meine Klasse trat als Kruzianer 1954 vollständig zur Konfirmation an, zuerst zur sogen. Prüfung schon in der wieder hergestellten Sakristei der Kreuzkirche, zum Konfirmationsgottesdienst aber noch in der Annenkirche, denn die 1945 ausgebrannte Kreuzkirche konnte erst am 13.2.1955 wieder eingeweiht werden.

Die politischen Veranstaltungen, zu denen der Chor herangezogen wurde, ärgerten mich jedenfalls, z.B. im Sommer 1951, als wir längere Zeit in Berlin zu den (kommunistischen) Weltfestspielen waren und mehrfach auf dem Marx - Engels – Platz (und auch in der Werner-Seelenbinder-Halle, wie ich mich glaube zu erinnern) zu singen hatten. Wir waren aber auch dort privilegiert, wohnten wir doch in einer Schule in Weißensee, in die man Doppelstockbetten gebracht hatte, und erhielten Ausländer-Verpflegung. Der Staat bemühte sich also sogar um uns, weil wir in Westdeutschland und im Ausland Zeugen eines „neuen Deutschlands" waren und damit als Aushängeschild der DDR galten. Im Internat und auch in der Schule wurde das Personal, also Lehrer und Erzieher, immer deutlicher staatskonform. Als wir schon älter waren, durchschauten wir das schnell. Da die Qualität gerade der Erzieher wahrscheinlich mangels ordentlicher Ausbildung offensichtlich nicht die beste war, gelang es uns, Freiräume zu suchen und auszunutzen. Wir nahmen diejenigen, von denen wir wussten, dass sie „staatsfromm" waren, einfach nicht ernst. Das war zwar von heute aus gesehen, nicht sehr fair – doch als Jugendliche antworteten wir auf die Schwarz-Weiß-Malerei der Partei ebenfalls mit Schwarz-Weiß-Verhalten: Wer nicht für uns, also für die herkömmliche und christlich geprägte Welt war, der war wider uns.

Aber es gab auch gleichberechtigte Kontakte. Unsere Deutsch-Lehrerin war fachlich offensichtlich fit, so dass wir sie zu ehrlichen Diskussionen herausforderten. Ich erinnere mich an eine davon, die im Zusammenhang mit dem XX. Parteitag der KPdSU stand, also der Entstalinisierung. Frau Koch ging es dabei nicht gut, hielten wir ihr doch die von Chruschtschow angesprochenen stalinistischen Verbrechen vor. Wie sie sich da herauswand! Wir glaubten, wir hätten einen Sieg errungen!

Der 17. Juni 1953 – ein politisches Erwachen

Doch da war ja der 17. Juni 1953 schon vorbei. Inwieweit meine Klassenkameraden dieses Datum als einen Einschnitt in ihrem Leben empfunden haben, kann ich nicht sagen. Ich war schon im Voraus durch familiäre Auseinandersetzungen mit den Brüdern sensibilisiert. Eines Tages erzählte mir meine Mutter, dass mein Vater als Selbstständiger keine Lebensmittelmarken mehr bekäme. Daher versuche er jetzt, von seiner Hauptfirma, die er als Vertreter repräsentierte, angestellt zu werden; doch das dauere einige Zeit. Es war geradezu peinlich, aber auch sehr freundlich und solidarisch, wie einige Mütter bei der nächsten Kreuzchorvesper meiner Mutter einige Lebensmittelabschnitte gaben, damit sie in normalen Läden mit normalen Preisen einkaufen konnte und nicht nur in der HO (Handelsorganisation), in der Waren frei, aber sehr teuer verkauft wurden. Kurz darauf kam es in Berlin zuerst zu den Demonstrationen, wenig später ja in der gesamten DDR, also auch in Dresden. Zwar war im Internat selbst nichts zu sehen, doch die Leitung erinnerte uns daran, dass wir nicht mehr zu dritt auf die Straßen gehen dürften, nur zu zweit oder alleine, weil der Ausnahmezustand das verbot. Und einmal war ich mit einem anderen Kruzianer unterwegs und sah am Schillerplatz einen (oder waren es gar mehrere?) Panzer, sein Geschütz mitten auf den Platz gerichtet. Ich fühlte mich bedroht

– und viele Passanten machten auch einen gedrückten Eindruck. Ich überlegte: Was soll das? Wollen die Russen uns nun umlegen, wenn wir gerechte Forderungen stellten? Ich fuhr nach Hellerau. Und dort hörte ich, dass es auch im Ort einige Probleme gegeben hatte; so mancher nutzte die Zeit und machte seinem Herzen Luft, was wohl auch von Genossen registriert worden war. Nachdem der Aufstand vorbei war, mussten sich diejenigen rechtfertigen, die zu deutlich geworden waren, hatten sie doch in den Augen der SED „Verrat" begangen.

Dies beeindruckte mich so sehr – obwohl ich noch nicht einmal 13 Jahre alt war -, dass ich fortan die Zeitungen in unserem Clubraum im Internat nicht nur herumliegen ließ, sondern so manchen Artikel genauer las. Meine kritische Einstellung nahm unter den Einflüssen, die der Westen bei unseren Reisen auslöste, von Jahr zu Jahr zu. Daher glaube ich bis heute hin, dass der 17. Juni aus mir einen „homo politicus" gemacht hat

.

Bild 13: Dresden, Schillerplatz in den 50er-Jahren

In der Linie 16: Vom Schillerplatz zum Platz der Einheit (Fiktion)

- Hast du das gesehen?
- Na klar, bin ja nicht blind.
- Das ist doch das Letzte, was die Russen da machen.
- Still, da hört jemand so auffällig zu.
- Gut, dann gehen wir mal nach hinten.
- Jetzt kann die Frau nichts mehr hören. Ich steige erst an der Rothenburger aus.
- Ich habe zwar im Westen auch schon Ami-Panzer gesehen, doch die waren in einem Manöver. Und Manöver finden auf dem freien Lande statt und nicht in der Stadt.
- Klar. Du hast doch sicher auch von den Demonstrationen gehört. Vom Sachsenwerk aus marschierten die Arbeiter bis in die Innenstadt.

79

- Ja, ich weiß. Allerdings weiß ich nicht mehr, wer mir davon erzählte.

- Ich finde das klasse, dass die sich nicht mehr alles gefallen lassen. Tag für Tag merken die doch, dass das, was sie herstellen, zu den Russen geht.

- Das ist es ja! Und dann wird es bei uns immer schlechter. Meinem Vater haben sie die Lebensmittelmarken weggenommen. Meine Mutter weiß nicht mehr, wie sie einkaufen soll. Im HO ist alles ja wahnsinnig teuer. Jetzt will sie, dass mein Vater Angestellter wird.

- Na ja, so schlimm ist das ja nicht.

- Da hast du recht. Doch ihn fuchst das stark. Bisher war er immer selbstständig, auch in Königsberg. Du weißt doch, dass wir dorther kommen. Und jetzt diese gewaltige Veränderung wegen der Kommunisten. Er schimpft jetzt noch mehr als früher.

- Was hat er denn so gesagt?

- Du erzählst das aber keinem weiter, klar?

- Klar. Kannst dich darauf verlassen.

- Er findet die ganze Wirtschaft unmöglich, glaubt, da könne nichts klappen. Der Plan funktioniert doch nicht, wenn die Leute nicht wissen, für wen sie arbeiten.

- Na, so ist es ja auch nicht. Schließlich arbeitet man ja für sich selbst, will was verdienen.

- Sicher. Er meint das für das Ganze. Ohne die West-Pakete ginge es uns wirklich schlecht.

- Das ist bei uns ganz ähnlich. Nur ist mein Vater nicht selbstständig. Daher haben wir alle unsere Lebensmittelkarten noch.

- Und dann schau dich mal hier in Dresden rum und vergleiche mit dem Westen. Dort merkt man doch den Wiederaufbau – und hier?

Überall liegen noch Trümmer herum, sind Straßen gesperrt. Der Witz ist dann, dass große Transparente wie dort drüben vom „Sieg des Sozialismus" sprechen. Das glaubt doch kein Mensch.
- Na, du scheinst ja ganz aufgeregt! – Du, ich muss gleich raus. Mach's gut.
- Mach's besser.

Die Fünfziger begannen also im Osten ziemlich ungemütlich, waren keineswegs legendär wie dieselben Jahre im Westen, setzte die SED doch ihre scharfe Sozialisierungspolitik durch, enteignete weitere Privatfirmen und gründete Landwirtschaftliche Produktions- Genossenschaften, die sie unterstützte, während sie von den privaten Bauern immer mehr Abgaben verlangte, obwohl diese durch die MTS (Maschinen-Traktoren-Stationen) nicht unterstützt wurden. Die Partei zog die Zügel so scharf an, dass sich Widerspruch erhob, auch z.T. mancher Arbeiter Sabotage betrieb. Es gab riesige Prozesse mit schärfsten Urteilen. Der Kirchenkampf zeigte, dass der Atheismus zur Staatsreligion geworden war – ein begrifflicher Widerspruch, der aber möglich war, gab es doch in der DDR einen Stalin-Kult, bei dem der neue Gott ähnlich wie vor 1945 Hitler verehrt wurde. Der Aufstand vom 17. Juni fiel also nicht vom Himmel, sondern hatte seine Vorgeschichte, die nicht nur wirtschaftlich gesehen werden kann. Auch deshalb wollten viele DDR-Bürger in den Westen „abhauen", wie das Stichwort hieß.

Konzertreisen

Dort im Westen nahm die Entwicklung einen erstaunlichen Aufschwung. Das legendäre „Wirtschaftswunder" kündigte sich an, begünstigt durch die schärfste Auseinandersetzung zwischen Ost und West vor dem Vietnam-Krieg, durch den Korea-Konflikt. Wir Kruzianer bekamen die positive Entwicklung Westdeutschlands auf den Konzertreisen genau mit. Ich war an ihnen seit 1951 beteiligt. Im Herbst ging es in die Schweiz und nach Westdeutschland, im Frühjahr 1952 ebenfalls nach Westdeutschland und in die Niederlande. Mich beeindruckten die völlig vom Krieg verschonten Städte wie Bern, Zürich, Haarlem, Amsterdam im Ausland, aber auch Konstanz usw. sehr. Und ich staunte auch über die zerstörten wie Stuttgart usw., die wieder auflebten, auch wenn sie nur provisorisch aufgebaut waren. Die Königstraße in Stuttgart mit ihren einstöckigen, provisorischen Häusern zeigte z.B. ein Leben, wie wir es uns in Dresden nicht vorstellen konnten.

Die Reisen waren anstrengend, weil wir fast täglich in ein anderes Privatquartier kamen, dort freilich oft genug auch eine Tafel Schokolade (im Osten besonders begehrt!) oder andere Geschenke bekamen, uns aber auch Tag für Tag neu anzupassen hatten. Dazuhin waren jeden Tag bis auf zwei, drei Ausruhtage (für z.T. wochenlange Konzertreisen) Konzerte mit sehr anspruchsvollem Programm zu singen (z.B. war immer eine Bach-Motette dabei und oft Mauersbergers „Wie liegt die Stadt so wüst"). Doch mit der Zeit gewöhnte ich mich daran; die Älteren halfen uns dabei. Denn es gab eine kleine Organisation: Jeder „Große" betreute 4-5 „Kleine", das ergab eine Gruppe, in der alle Probleme besprochen wurden, man blieb bei Reisen beieinander, und auch das Tagegeld wurde gruppenweise gezahlt (anfangs 1,50 DM). Ich kaufte davon gerne Schuhe oder auch Stoffe für einen Anzug; beides war in der DDR sehr teuer. Wir reisten mit 2 Bussen durch Süddeutschland und die Schweiz und 1952 durch Norddeutschland und die Niederlande. Im letzteren Falle mahnte der „Chef", wir müssten uns besonders ordentlich benehmen, denn die Nazis hätten sich dort im Krieg sehr schlecht verhalten, und viele Niederländer seien daher auf Deutsche nicht gut zu sprechen. Doch in den Quartieren merkte ich wenig von Vorurteilen. Das lag sicher an meinem Alter, aber auch daran, dass wir nicht aus dem Westen kamen, sondern aus dem schwer zerstörten Dresden. Seine Bombardierung wurde wohl mit der von Rotterdam, das die Deutschen 1940 dem Erdboden gleich gemacht hatten, verglichen.

Mich beeindruckte die schweizerische Sauberkeit des öffentlichen Raumes sehr, und in Holland konfrontierte man mich in einigen Quartieren mit dem Königshaus. Als Kind fand ich das wunderbar. Eine Quartiermutter schenkte mir einen Silbergulden mit Königin

Wilhelmina, den ich noch heute habe. Sie erklärte mir auch, dass diese Königin im Krieg für die Holländer ganz wichtig war, obwohl sie vor den Deutschen nach London ausgewichen war.

In dieser Zeit waren in der westdeutschen Geschichte vor allem durch Bundeskanzler Adenauer bedeutende Weichenstellungen vorgenommen worden, wie ich später im Unterricht in Tübingen nach der „Republikflucht" mitbekam. Der Kalte Krieg, der bei der Berliner Blockade 1948/9 Gott sei Dank zu keinem heißen Krieg geworden war, entbrannte in Korea aufs Neue. Die Bundesrepublik nützte diese Situation aus und eroberte Schritt für Schritt immer mehr Selbstständigkeit. Adenauer wies darauf hin, dass in der „Sofjetzone", wie er immer im rheinischen Dialekt zur DDR sagte, bereits eine Armee bestünde, die KVP (Kasernierte Volkspolizei). Daher müsse man wachsam sein. Insgeheim setzte er sich daher schon zu dieser Zeit für eine Wiederbewaffnung Westdeutschlands ein. Ein bleibendes Ergebnis war der Beginn des (west-) europäischen Zusammenschlusses in der Montanunion zwischen Frankreich, Italien, den Beneluxstaaten und der Bundesrepublik. Langsam wurde Vertrauen zwischen ehemaligen Kriegsgegnern aufgebaut. Dieses nahm noch zu, als Adenauer 1952 schroff den Stalinschen Vorschlag für ein wiederbewaffnetes, einheitliches Deutschland ablehnte. Im Osten ging ein propagandistisches Gewitter los mit der Verunglimpfung westdeutscher Politiker als Faschisten, Spalter

Deutschlands und Imperialisten, als Handlanger des US-Imperialismus. Selbst die Straßenbahnen in Dresden waren voll von Propagandaplakaten. Zwar gab es in Westdeutschland heftigen Widerstand von SPD und FDP, von dem wir im Osten nichts erfuhren – doch im westlichen Ausland verstand man den Bundeskanzler als den Mann, der keine Experimente mit dem Osten wagen wollte und sich ganz zum Westen bekannte. Daher war dann der Weg zur von den Russen als imperialistisches Werkzeug der USA gesehenen NATO nicht weit. Er musste freilich ein Umweg über die EVG (Europäische Verteidigungsgemeinschaft) gegangen werden, die Stalin so fürchtete, dass er seinen Vorschlag machte. Dass dieser für ein neutrales, bewaffnetes Gesamtdeutschland nicht ernst gemeint war, wird durch die Forschung heute immer stärker bestätigt. Als dann 1953 in der „Zone" der Aufstand losbrach, wurde seine Niederwerfung für den Westen zum Beispiel für die brutale Unterdrückung der Bevölkerung. Diese verließ zu Hunderttausenden ihre Heimat, denn noch waren die Grenzen offen, konnte man es sogar wagen, die zwar bewachte und oftmals mit Stacheldraht versehene Zonengrenze zu überwinden. Freilich kamen schon damals die meisten „SBZ - Flüchtlinge", wie sie im Westen offiziell hießen, über West-Berlin in die Bundesrepublik. Dort waren sie durchaus willkommen, gab es doch Arbeit genug, kam das „Wirtschaftswunder", angeregt durch den Korea-Boom, in Gang. Freilich haperte es an

Wohnungen. Doch der Wiederaufbau der Städte ging ziemlich schnell voran, so dass die Flüchtlinge, die aus den Barackenlagern kamen (auch noch viele aus den alten Ostgebieten) bald menschenwürdiger untergebracht werden konnten.

Dagegen sah es mit dem Aufbau im Osten schlecht aus. Bis auf das Prestigeobjekt Stalin-Allee ging es in den zerstörten Städten kaum voran. In Dresden gab es eine Ausnahme: Man bebaute den Altmarkt in einem Stil, der sich deutlich vom stalinistischen in Berlin unterschied, weil er ein wenig historische Anklänge an den früheren Altmarkt zuließ. Mancher fand das recht gelungen, andere lehnten ab. Ich freute mich über die Belebung der Innenstadt, die bis dahin geradezu tot war.

Doch wir Kruzianer kehrten von unseren Westreisen manchmal ziemlich betrübt in den ärmlichen Osten zurück. Aber Dresden war unsere Heimat. Und je älter ich wurde, um so mehr liebte ich diese Stadt, die am Ende des Krieges am 13. und 14. Februar 1945 ein besonders schweres Schicksal erlitten hatte. Denn die viel gerühmte Schönheit, in Jahrhunderten entstanden, war das Opfer der „anglo-amerikanischen" Bomber, wie die herrschenden Kommunisten stets betonten, geworden. Jedes Jahr sangen wir auch Mauersbergers „Dresdner Requiem – u.a. deshalb, weil mehrere Kruzianer damals. ums Leben gekommen waren. Doch alle Schönheiten waren 1945 aber nicht verschwunden: Es gab ja die Brühlsche Terrasse, einen Teil des wieder aufgebauten Zwingers, für den viele

Bild 14: Ein neuer Kruzianer braucht noch Nachhilfe bei den „Weinlig" - Übungen. Pressefoto aus der „Frau von heute" 1953

auch unter schlimmster Wohnungsnot leidende Dresdner spendeten bzw. an einer besonderen Lotterie teilnahmen; es gab die wieder aufgebaute Hofkirche. Und an der Kreuzkirche wurde gearbeitet. Die Annenkirche war zu unserer Chorheimat geworden, nachdem zuvor die Garnisonkirche im Norden der Stadt einige Zeit ausgeholfen hatte. Und die wunderschöne natürliche Lage der Stadt mit der Elbschleife war unzerstörbar; die Elbschlösser und das „Blaue Wunder", die stählerne Hängebrücke über die Elbe am Schillerplatz, waren erhalten geblieben und ließ die riesigen Trümmerfelder der Innenstadt und auch mancher Stadtteile daneben vergessen; die Schlösser in Pillnitz und Moritzburg liebte ich ebenfalls. In der nahen Sächsischen Schweiz wanderten wir oft mit meiner Familie wie auch bei Schulausflügen. Moritzburg konnte ich sogar von Hellerau aus per Rad erreichen, was ich in den Sommerferien mehrfach getan habe, denn die Wälder und Teiche dort gefielen mir sehr. Bei Hitze konnte man in ihnen baden und sich ganz frei fühlen. Einmal hatte mein Bruder als Lehrer in den Großen Ferien Kinder im Waldbad zu betreuen, so dass ich ihn dort eine Zeitlang täglich besuchte.

1952 machte der Chor noch drei weitere Reisen, und zwar nach Ungarn und Rumänien, zu den Orgeltagen nach Nürnberg sowie im Herbst erneut nach Westdeutschland, vor allem ins Rheinland. Dabei war der Gegensatz zur DDR erneut sichtbar geworden. Selbst Rumänien, in dem wir mit einem Sonderzug herumfuhren, erschien mir ganz ordentlich – vielleicht weil wir außer Bukarest kaum eine Stadt richtig besichtigen konnten bzw. durften, weil die einheimische Reiseleitung das verhinderte. Dass nach dem Krieg die dort lebenden Deutschen massenweise nach Sibirien verschleppt worden waren, erfuhr man natürlich nicht! Rumänien war eben ein sozialistischer „Bruderstaat", den wir in einem Sonderzug durchquerten, der nur zu Konzerten verlassen wurde. Budapest beeindruckte ebenfalls auf dieser Reise. Das Hotel auf der Margaretheninsel war luxuriös, wie wir das noch nicht kennen gelernt hatten. Und das zerstörte Nürnberg war so wie Stuttgart wieder einigermaßen hergestellt; die berühmte St. Lorenzkirche war noch nicht fertig. Doch ihre Schönheit hat sich mir ganz fest eingeprägt – ähnlich wie die des Ulmer Münsters (inmitten von provisorischen Bauten umgeben, denn die Stadt war auch schwer zerstört worden). Von dieser wunderbaren Kirche hatte ich ein kleines Modell als Erinnerung die ganzen Kreuzchor-Jahre auf meinem Nachttisch aufgestellt. Wir sangen später noch einige Male in ihr – trotz der schwierigen Akustik in dem Riesenraum. Die Reisen im nächsten Jahr führten uns nach Thüringen, ins Erzgebirge, an die Ostsee, wieder nach Westdeutschland und in die Schweiz, dazu auch nach Österreich. In Linz – so erinnere ich mich noch – lobte die Quartiermutter mich vor ihren Bekannten, weil ich so sauber sei, die Badewanne nach Benutzung sogar abputzte, was mir aus Internatserfahrung ganz selbstverständlich erschien. Sonst ist mir die Stadt natürlich durch Bruckner in Erinnerung geblieben, gehörten doch seine berühmten Motetten zum Repertoire des Chores. Dass die Stadt eine besondere NS-Geschichte hatte, erfuhr man damals nicht. Viel wichtiger erschien mir, dass Österreich ja wie Deutschland auch in 4 Zonen aufgeteilt war und dennoch eine gemeinsame Regierung hatte. Linz lag in der US-Zone, und jenseits der Donau war die österreichische sowjetische Zone, in die man ohne große Probleme hin- wie auch hinausfahren konnte – ganz anders als in Deutschland, wo zwischen SBZ und den Westzonen zum Teil sogar scharf kontrolliert wurde.

Den Höhepunkt des Jahres habe ich noch ganz genau in Erinnerung: Auf unserer relativ kurzen Reise zum Prager Frühling, einem bedeutenden internationalen Musikfest, sangen wir eines der besten Konzerte meiner Chorzeit. Zwar weiß ich Einzelheiten des Programms nicht mehr, doch die Begeisterung des Publikums im Rudolfinum war geradezu überwältigend. Es musste Zugabe über Zugabe gesungen werden, etwa eine Stunde lang. Wahrscheinlich war das Prager Publikum so dankbar, weil vielleicht zum ersten Male nach dem Krieg eine positive Botschaft aus Deutschland kam – dazu aus Dresden, einer Stadt, mit der die Tschechen auch stark verbunden sind. Da ich von meinen Eltern ja vermittelt bekommen hatte, dass ich verwandtschaftlich mit Tschechen verbunden bin, habe ich diesen Aufenthalt in Prag besonders gut in Erinnerung. Die Stadt faszinierte mich auch deshalb, weil sie keine Trümmerwüste wie Dresden war und bis heute eine der schönsten Städte Europas geblieben ist. Schließlich fanden später dort auch Ereignisse statt, die für die politische Entwicklung Europas eine wichtige Rolle spielten. Denn ohne den politischen „Prager Frühling" von 1968, der den Widerstand gegen die Kommunisten wegen der brutalen Niederwerfung des „Sozialismus mit dem menschlichen Antlitz" durch den Warschauer Pakt förderte, und die Möglichkeit der Flucht in die bundesdeutsche Botschaft 1989 und die „Samtene Revolution" im Dezember 1989 würde der Kontinent heute anders aussehen.

Im gleichen Monat, in dem wir in Prag gesungen hatten, war der Aufstand vom 17. Juni in der DDR und mein – so möchte ich es mal nennen – politisches Erwachen (siehe oben). Ich war noch keine 13 Jahre alt und begriff fortan, wie Politik so einigermaßen funktionierte. Vielleicht kannte ich die Einzelheiten noch nicht, doch im Groben konnte ich Diktatur und Demokratie doch unterscheiden, verstand, was die Volkskammer vom Bundestag trennte, auch wenn ich von Einzelheiten des jeweiligen Wahlrechts keine Ahnung hatte - nur dass es in Ost-Berlin immer hundertprozentige Abstimmungen gab und im Bundestag Gegenstimmen selbstverständlich waren, begriff ich. Ich erkannte die Abhängigkeit der DDR von der Sowjetunion; der wahre Diktator war also in Moskau zu suchen, Ulbricht nur sein ausführendes Element. Die Russen konnten doch bei uns machen, was sie wollten, selbst evt. Verbrechen wurden geheim gehalten und wurden nur gerüchteweise bekannt. Dagegen war Adenauer zuerst vom Bundestag abhängig, und erst in zweiter Linie von den 3 Westmächten. Ob an diesem Bewusstseins-

Prozess Quartiereltern beteiligt waren, kann ich nur ahnen. Vielleicht war es der Dekan von Calw, bei dem ich im Oktober 1953 unterkam, oder die Fam. Stockinger in Bad Mergentheim. In Stuttgart war ich bei ehem. Königsberger Freunden und Kunden meines Vaters bzw. meiner Eltern untergebracht – auch die können aufklärend gewirkt haben, zumal sie, wie ich noch weiß, nicht verstehen konnten, wie mein Vater in der „Ostzone" bei „den Russen", wie sie sich ausdrückten, geblieben sein konnte. Dass er also ein Häuschen in Hellerau für unsere Familie hatte, während die Familie in Stuttgart beengt nur zur Miete wohnte und ein kleines Papierwarengeschäft betrieb, das wohl kaum große Einkünfte erbrachte, spielte für sie keine Rolle: Die Russen waren für sie ein Schreckgespenst an Brutalität und Unterdrückung, wie man ja wieder bei der Niederschlagung des Aufstandes vom 17. Juni gesehen hatte. Der Familie und einer ehem. Nachbarin von uns aus Königsberg – Metgethen, die auch in Stuttgart lebte, saß die furchtbare Zeit, die sie unter den Russen dort erleben mussten, noch tief in den Knochen! Da ich im Elternhaus von den schrecklichen Szenen während der Zeit nach dem Einmarsch der Roten Armee in Königsberg gehört hatte, war mir diese Einstellung vertraut.

Zurück in Dresden sah ich nun die Trümmerwüsten deutlicher, ärgerte mich über die dummen Propagandasprüche, die überall auf zumeist roten Spruchbändern zu lesen waren. Und ich schätzte den Chor noch stärker als zuvor. Zu Hause kam es an den

Wochenenden, wenn kein Konzert war, öfters zu Diskussionen. Die beiden Brüder, die in Dresden lebten, sprachen über die wirtschaftlichen Probleme offen, obwohl sie beide wie auch mein ältester Bruder in der SED waren. Mein Vater forderte sie mit seinen bitteren Bemerkungen über das Versagen der Funktionäre heraus. Und sicher ist gerade einer der Brüder, der in Gotha, delegiert von seinem Betrieb, in dem er eine Lehre gemacht hatte, Finanzwirtschaft studierte (wohl so etwas wie eine Fachhochschulausbildung), dabei öfters in Schwierigkeiten geraten, weil seine theoretischen Kenntnisse den Erlebnissen meines Vaters in der Praxis ausgesetzt wurden. Und der andere Bruder, der nach dem Abitur gleich nach einem kurzen Kurs vor Grundschüler gestellt wurde und nun schwer arbeiten musste (wie gleich nach dem Krieg der älteste Bruder), um ein Fernstudium zu bestehen, wirkte eher ausgleichend. Doch die kritischen Anmerkungen beider zu meiner Kreuzchor-Zugehörigkeit habe ich noch im Ohr: Ein „elitärer" Klub sei der Chor, zu abgehoben und vom Staat „verhätschelt", worauf sie von den Eltern belehrt wurden mit Hinweisen auf den gewaltigen Einsatz, den wir schon in unserer Kindheit zu leisten hatten.

Aber es gab natürlich auch friedliche Sonntagnachmittage, wenn die Tanten aus der Stadt hinaus nach Hellerau zum Kaffee kamen. Sie wurden immer unbeweglicher, lebten in ihrer dunklen Wohnung in der inneren Neustadt und schafften es gerade mal in die Straßenbahn. Sie liebten es, bei uns im Garten zu sitzen. Und die Eltern hatten immer einen Kuchen parat, backten sie doch gerne; schließlich war mein Vater in seiner Jugend ja ein vollständig ausgebildeter Bäckermeister gewesen und konnte das hervorragend – besonders durch die Zutaten, die mit den Paketen aus dem Westen kamen, nicht nur von seinen beiden Schwestern in Hamburg und München, sondern auch von Bekannten. Vielen von ihnen ging es zwar auch nicht gut, doch sie wussten, dass Rosinen und Mandeln z.B. im Osten nicht zu bekommen waren, und das wie auch andere Kleinigkeiten gaben sie gerne ab. Ich brachte von den Reisen auch Kakao mit – und schon war der Kuchen besonders fein, weil der Garten natürlich auch das Seine beitrug. Von meinen Konzertgeldern besorgte ich Bohnenkaffee, der besonders willkommen war, weil der DDR-Kaffee unbezahlbar war. Und die. Tante, die es als Klavierlehrerin in die Altmark verschlagen hatte, war froh, zwei bis drei Wochen in Dresden verbringen zu können. Mit ihr machte ich Ausflüge und ging in ein Innenstadt-Café. Sie spendierte mir so manchen Leckerbissen, kaufte sogar zweimal einen Konzertanzug für mich – und, ganz schlimm(!), spendierte mir teure Zigaretten, nachdem ich mit 15 zu rauchen angefangen hatte.

Über verlängerte Wochenenden hatten wir auch von einer Tante, der ältesten Schwester meines Vaters, Besuch aus Zittau, die dort am Theater als Gewandmeisterin arbeitete. Das faszinierte mich außerordentlich. So beschloss ich mit einem der beiden Brüder, einmal die hundert Kilometer per Rad zu ihr zu fahren. Dort durfte ich dann mit in die Werkstätten des Theaters gehen, denn die meisten Wochen arbeitete man auch in der Ferienzeit, weil zwei Freilicht-Bühnen, in Oybin und Johnsdorf, bespielt wurden. Hier wie auch im Zittauer Theater selbst habe ich zum ersten Male Dramen auf der Bühne gesehen bzw. Opern gehört, denn man betrieb in dieser kleinen Grenzstadt mit ihren vielleicht 30000 Einwohnern, ein Mehrspartentheater. Und die Säle wie auch die Sitze in den Freilichtbühnen waren immer voll besetzt! Ich fuhr auch ein zweites Mal in den Sommerferien zu ihr, durfte auch längere Zeit bleiben, und beschäftigte mich mit dem Theater hinter der Bühne. Ich konnte an Proben teilnehmen, so dass der Einblick in die Arbeit von Dramaturgen und Regisseuren möglich war. Ich war also nicht nur fasziniert von den Leistungen von Schauspielern und Sängern, sondern begriff auch, welche Bedeutung die vielen anderen Berufe im Theater haben.

Doch nun habe ich der Zeit schon vorgegriffen, denn es fehlt das Jahr 1954 mit zwei Reisen in der DDR, einer Reise nach München und der Polenreise. Das Jahr bot damit wieder einen Höhepunkt meiner Jugendzeit mit der Begegnung mit den Lagern in Auschwitz und Birkenau. Ich war stark erschüttert und konnte nicht begreifen, wie dieses Massenmorden möglich war. Zu Hause wurde davon nicht gesprochen. Von meinem Vater erfuhr man nur, dass er während des Krieges Gott sei Dank nicht an der Ostfront eingesetzt war, sondern längere Zeit in Polen nahe der ostpreußischen Grenze eine Kaserne zu leiten hatte. Die oberflächlichen Erklärungen der Kommunisten, die vor allem den Mord an vielen Polen in den Vordergrund stellten, den an den Juden nur nebenher erwähnten, halfen nicht. Eine Ahnung von der Judenverfolgung bekam ich auch, als meine Mutter erzählte, dass sie lange Zeit heimlich in Königsberg einen jüdischen Kinderarzt mit uns Geschwistern besuchte. Mir ging das in Auschwitz Gesehene noch lange nach, verfolgte es mich doch bis in die Träume.

Konfirmation 1954

Im Frühjahr 1954, also vor der Polen-Reise, war natürlich die Konfirmation besonders wichtig. Was Dr. Lange, Innenstadt-Pfarrer an der wieder aufgebauten Annenkirche, sagte, hatte ich genauestens verstanden – obwohl ein Foto zeigt, wie kindlich ich zu diesem Zeitpunkt noch ausgesehen habe. Wenige Monate später schoss ich in die Höhe und erreichte meine „Lebenshöhe" von 1,85 m, die bis heute gilt. Ich „durfte", wie ich zu hören bekam, als Jüngster meinen Vater überholen, war demnach der Größte in der Familie. Dr. Lange sprach alle Probleme an, die in dieser Zeit fast jeden umtrieben, die Schuld der Nazi-Epoche, die Flüchtlingsprobleme, das Schicksal der Stadt, die Nachkriegssorgen der Eltern usw. usf. Im Rahmen des Kirchenkampfes, der seit 1950/51 stattfand, waren seine Worte besonders mutig, wies er doch darauf hin, wenn man ihn richtig interpretierte, dass die materialistische Vergangenheit unter den Nazis zu einer Katastrophe geführt hat und dass der neue Materialismus der Kommunisten, die natürlich nicht genannt wurden, ebenfalls Gefahren in sich birgt. Denn alle Werte können zerstört werden.

.

Aus der Konfirmationspredigt von Pfarrer Dr. Lange in der Annenkirche zu Dresden, Palmarum 1954, 11. 4. 1954

Predigtspruch: „Behüte dein Herz mit allem Fleiß; denn daraus geht das Leben." (Spr. 4, 25)

Liebe Konfirmanden! Liebe Eltern und Paten! Liebe Gemeinde!

... Ich möchte zuerst das anklingen lassen, was euch und eure lieben Eltern in dieser Stunde zunächst rein menschlich bewegt: die Freude über diesen Tag, aber auch das Gefühl dafür, dass das eigentlich Schwere noch kommt. Die Freude der Eltern über dieses erreichte Lebensziel durch viele schwere Jahre des Krieges und der Nachkriegszeit, in Sonderheit bei den vielen vaterlosen Kindern, die auch in diesem Jahre wieder mit dabei sind... – also Freude und Fröhlichkeit und zugleich auch ernste Besinnung und Gebet ...

Aber, ihr lieben Konfirmanden, das Eigentliche, was ich euch heute noch sagen will, ist etwas Tieferes.

Wenn ich heute vor euch stehe, dann stehe ich vor euch als ein armer Mann. Ich kann euch nicht gute Ratschläge mit auf den Lebensweg geben, gute Ratschläge nach dem Maßstab der Welt. Ich kann euch auch nicht versprechen, dass ihr immer bewahrt bleibet werdet vor Sorgen und Not, vor den Stürmen des Lebens, so wie wir sie alle zu bestehen gehabt haben ... Ich kann auch nicht davon sprechen, ob aus

98

dieser oder jener politischen Sicht heraus die Welt sich in absehbarer Zeit zum Paradies verwandeln wird, oder ob es irgendwie anders sein wird, auch mit unserem Vaterland. Das alles muss ich der Welt und ihrer Weisheit überlassen. Ich habe nur eines, d.h. das Amt der Kirche, in dem ich zu euch spreche. (Sie) hat nur eines: das Wort Gottes, allein Gott und Gottes Wort. Unter dem Gesichtspunkt der Welt ist das wertlos. Aber die Bibel sagt: „Das Gras verwelkt und die Blume verdorrt, aber das Wort Gottes bleibt in Ewigkeit!"

...Unsere Generation, ihr selbst noch und eure Eltern haben doch einen erschütternden Anschauungsunterricht darüber bekommen, wie alle sogen. gültigen Dinge der menschlichen Gesellschaft entwertet werden können, Besitz, Ehre, Stand, Macht, Heimat, Vaterland. Alles kann zerstört und alles kann ungültig gemacht werden. Nur eines bleibt in Glück und Not: ein gutes, starkes, frommes und reines Herz ...

Wir stehen noch unter den schrecklichen Folgen der Tatsache, dass das deutsche Volk in einer vergangenen Epoche nach äußerer Macht gestrebt hat und innerlich in Unwahr-haftigkeit gestorben ist. Der Machtrausch dieses Volkstums liegt heute noch als Schuld und Strafe auf uns.

...Wir fragen: Kann der Mensch sich selbst Maßstab, Gesetz seines Handelns sein? Kann er sich selbst ein reines Herz schaffen und geben? Nein! Eine reines... Herz kommt nur aus dem Glauben, aus Gott, aus Gnaden.

... Die Religion, der Glaube erfasst die

allertiefste Wirklichkeit, die es auf dieser Welt gibt, nämlich das Verhältnis des Menschen zu dem ewigen und lebendigen Gott. Der große deutsche Humanist Herder hat das Wort geprägt, dass die Religion, sagen wir christlich: der Glaube, die höchste Humanität des Menschen bedeutet. Einfach gesagt: Es kann niemand menschlicher sein als der, der an Gott glaubt; und umgekehrt: niemals jemand unmenschlicher als der, der nicht an Gott glaubt. Man sagt uns zwar heute einen anderen Satz: (Der Maßstab) für den Menschen ist der Mensch selbst. Wenn dieser Satz wahr ist, zweifelsfrei wahr ist, dann gibt es nur gesellschaftliche Übereinkünfte über das, was gut ist und letzten Endes Willkür und Gewalt.

Wiederum hat der große deutsche Theologe und Humanist Schleiermacher den Herderschen Satz fortgesetzt in einem scharfen Wort ... : "Humanität ohne Divinität führt zur Bestialität." Wo der Mensch Gott verliert, den Glauben, dort verliert er mit Gott sich selbst. Und dann stürzt das Menschentum jämmerlich und unheimlich in Abgründe, und ich dächte, wir kennen solche Abgründe genug, wo Menschentum in Selbstübersteigerung seines angeblich guten Glaubens Unmenschliches getan und gedacht hat.

Die Kirche ruft jedenfalls auch heute unerbittlich zu dieser Erkenntnis des Menschen zurück, dass wir nur von Gott her uns verstehen, weil wir Geschöpfe Gottes sind. Mit anderen Worten gesagt: Die Kirche stellt uns unter das I. Gebot: "Ich bin der Herr, dein Gott, du sollst nicht andere Götter haben neben mir."

100

Du sollst sie nicht haben und du brauchst sie nicht, nicht das Geld, nicht die Macht, nicht den Sport und nicht die Partei

Liebe Konfirmanden!
So geht nun euren Weg. Ich habe versucht, euch in dieser Stunde noch einmal das Allerwichtigste zu sagen, was nach unserem evangelischen christlichen Glauben unser Glaubensleben bestimmt: das reine, gute, fromme Herz. Dieses Wort hat in meinem Leben eine kleine persönliche Geschichte. Noch während der Kriegsgefangenschaft habe ich beim Lesen der Bibel mir gesagt: Über dieses schöne Wort wirst du, wenn - so Gott will – du wieder heim kommst, einmal Konfirmation halten. Und als ich 1950 in Hellerau amtierte, habe ich den Jungen und Mädchen dort auch unter diesem Wort das Wort des Konfirmationstages gesagt.

Ich weiß noch bis heute, dass mein Vater nach dem Konfirmationsgottesdienst so stark erschüttert war, dass er Tränen in den Augen hatte – die ersten, die ich bei ihm gesehen habe! Sicher dachte er auch: Was wird wohl aus dem Jüngsten in dieser seltsamen Zeit werden? Seine Einstellung ist deutlich gegen die der anderen Brüder gerichtet. In diesem Lande wird er es wohl nicht aushalten!

Sozialistischer Staat und sein Verhältnis zum Bürgertum

Und noch im gleichen Jahr bekam ich einen schweren Schlag versetzt: Man wollte mir den Weg zum Abitur verbauen. Das passte in die große Politik der SED bzw. DDR: Man förderte Arbeiter – und Bauernkinder auf Kosten des Bürgertums. Ich konnte mir nicht vorstellen, in einem Betrieb praktisch zu arbeiten, eine Lehre zu machen… Meine Hoffnung war stark auf den Beschwerdebrief der Eltern gerichtet, die auch auf meine Chormitgliedschaft hinwiesen. Außerdem war ich ja kein schlechter Schüler.

Einspruch gegen die Verweigerung höherer Schulbildung von 1954:

An den Rat der Stadt Dresden, Abt. Volksbildung

Gegen den Beschluss der Kreiskommission lt. Ihrem Bescheid vom 5. 4. 54, nach welchem die Aufnahme meines Sohnes in die Oberschule nicht erfolgen könne, erhebe ich hiermit Einspruch.
Mein Sohn Eberhard ist seit über drei Jahren Sänger des Kreuzchores und als solcher überdurchschnittlich für gesellschaftspolitische Aufgaben in Anspruch genommen. Wenn er dabei in seiner schulischen Arbeit, wie Sie selbst mitteilen, durchschnittliche Leistungen erzielte, so ist dies, verglichen mit den

Ergebnissen anderer Schüler wohl durchaus als gut anzusprechen ... Gute Leistungen trotz der Mitwirkung in diesem republikwichtigen Chor, wie es der Kreuzchor anerkanntermaßen ist, haben bestimmt nicht viele andere Schüler und Bewerber für die Oberschule aufzuweisen. Bei den erzielten Ergebnissen muss aber doch auch unbedingt berücksichtigt werden, dass der Unterricht viele Wochen gänzlich ausgefallen ist, während der Chor sich auf Auslandstournee und im Westen unseres Vaterlandes befand, um dort im Interesse unserer Arbeiter- und Bauernmacht außerordentlich wertvolle Kulturarbeit zu leisten ...

Das schulische Leistungsbild ergibt auch gerade für die letzten Monate ein erfreuliches Ansteigen, ein Zeichen dafür, dass Eberhards Leistungen durchaus das Oberschulniveau erreichen, sobald die Verpflichtungen in chorischer Hinsicht etwas weniger hoch sind, wie es eben in der abgelaufenen Zeit der Fall gewesen ist. So hat sich mein Sohn gegenüber den Trimesterzensuren zu Weihnachten in den Fächern Biologie, Physik und Chemie um einen Grad auf die Note 2 verbessert.

Ich bitte höflichst, Ihren Entscheid ... zu überprüfen und auch zu berücksichtigen, dass Eberhard ... den Wunsch hat, der auch von mir weitgehend unterstützt wird, den Lehrerberuf zu ergreifen ...

Hochachtungsvoll

(Unterschrift)

PS. Da ich noch die Möglichkeit hatte, mit der

*Leitung des Kreuzchors sowie mit dem Herrn
Internatsleiter Rücksprache zu nehmen, kann
ich Ihnen mitteilen, dass dieselben ebenfalls
Schritte in dieser Angelegenheit unternehmen
werden.*

Doch es half nichts; die Behörde schwieg. Erst
der Einspruch des Chorleiters Mauersberger,
der meinte, er benötige meine Stimme im Chor,
führte dazu, dass ich weiter in Chor, Internat
und Schule bleiben durfte. Ihm habe ich es also
zu verdanken, dass ich das Abitur ablegen
durfte – schließlich eine wichtige Voraussetzung für mein ganzes Leben! Es ist klar,
dass mich die anfängliche Ablehnung schwer
traf: Sozialismus bedeutete also für mich
persönliche Benachteiligung! Offensichtlich war
mir dieser Staat nicht gut gesonnen – sollte ich
da ihm gegenüber positiv eingestellt sein? Ich
sah nun meine Umgebung noch kritischer an
und entdeckte viele Schwächen des Systems.
Oft genug funktionierte hier im Osten vieles
nicht, von der Versorgung angefangen trotz
Lebensmittelkarten, bis hin zu den gewöhn-
lichen Dienstleistungen. Eine Reparatur war
kaum zu organisieren – und die Häuser und
Wohnungen in Dresden wurden immer mehr
reparaturanfällig.
Außerdem meinte ich, in einer verkehrten Welt
zu leben: Meine Mutter besuchte mal mit mir
eine bekannte Familie und hörte von dieser, sie
hätte ihr Mehrfamilienhaus dem Staat bzw. der
staatlichen Wohnungsverwaltung übergeben;
sie könnten die Reparaturen mit den geringen

Mieteinnahmen nicht mehr organisieren und bezahlen. Sie seien froh, den eigenen Besitz losbekommen zu haben! Die Gesetze waren, wie man sieht, so gemacht, dass Privateigentum scharf benachteiligt war; die Leute wollten es sogar abstoßen, weil sie mit ihm nicht mehr zurecht kamen. Mein Vater tobte schier! Er glaubte mit Recht, dass die Wohnungsverwaltung noch weniger Geld für Reparaturen aufbringen würde und jenes Haus sicher bald viel schlechter aussehen würde, als wenn die Bekannten es behalten hätten. Das, was man am Ende der DDR fast im gesamten Territorium sehen konnte, den Verfall der Innenstädte, die Verwandlung in so manche Trümmerwüste wie im Krieg, das nahm bereits in den 50ern den Anfang. Die Planwirtschaft war nicht dazu in der Lage, die ökonomisch brennendsten Probleme zu lösen. Denn man muss bedenken, dass von einem großzügigen Wohnungsbau zu Ulbrichts Zeiten nicht gesprochen werden kann – der begann erst, als Honecker Generalsekretär war und die DDR-Politik dominierte, und zwar auf Kosten der im Krieg unzerstörten Innenstädte, die oft genug nun ihre „Vertrümmerung" erleben mussten. Sicher verstand ich in meinem jugendlichen Alter die Zusammenhänge noch nicht klar, doch ansatzweise waren diese sehr wohl schon zu erkennen. Es genügte, einige Straßen in der inneren Neustadt in Dresden, wo unsere Tanten wohnten und ich zum anfänglichen Klavierunterricht gegangen war, entlang zu laufen, um den beginnenden Verfall zu sehen.

Herbst 1954: Gespräch mit Prof. Mauersberger (Fiktion)

- Na, Eberhard. Nun geht es wohl nicht mehr, stimmt's?
- Ja, Herr Professor, die Polen-Reise habe ich gerade noch geschafft.
- Dann wirst du jetzt eine Weile aussetzen müssen.
- Leider. Ich bin halt ziemlich spät dran. Fast alle Klassenkameraden sind schon länger in der Mutation.
- Das ist eben so; die Natur lässt sich da nicht steuern. Du hast ja auch schöne Konzertreisen mitgemacht. Nun musst du dich mehr auf die Schule konzentrieren. Schließlich solltest du für die Zeit im Männerchor sozusagen vorarbeiten, weil du nun mehr Zeit haben wirst.
- Ja, nun fallen die Proben weg, da habe ich mehr Zeit.
- Wir haben es ja geschafft, dass du weiter bei uns bleiben kannst. Nun versuche, deine Stimme zu schonen, damit du bald wieder singen kannst.
- Ja, ich verspreche es.

Mutation (Stimmbruch)

Bücher, Theater, Konzerte und Gemäldegalerie

Es begann eine Zeit mit ungewohnter Freizügigkeit. Ich ging natürlich in alle Vespern und Kreuzchor-Konzerte, um zuzuhören. Und etwas Neues trat in mein Leben: eine regelrechte Lesewut und die Wahrnehmung öffentlicher kultureller Möglichkeiten. Ich stellte mich also an der Opernkasse an, ging in Konzerte und nützte die billigen Angebote für Schüler weidlich aus. Mit großem Tamtam kündigte der Staat die Rückkehr der Gemäldegalerie aus der Sowjetunion an.

Bild 15: Dresden, Theaterplatz vor 1955: Die Gemäldegalerie noch in Trümmern, die Ruine der Semperoper wird abgesichert.

Das Gebäude war renoviert worden; der Theaterplatz sah jetzt wieder nach was aus –

107

trotz der Ruine der Semper-Oper (die ich einmal an einem 1. Mai erkundete, als sich die befohlene Demonstration wegen Desorganisation auflöste bzw. ich einfach verschwand). Jeweils sonnabends, wenn die Kreuzchorvesper gesungen wurde, fuhr ich per Straßenbahn zum Pirnaischen Platz, lief die Brühlsche Terrasse entlang, ging über den Theaterplatz zur Gemäldegalerie, sah stets nur wenige Bilder an, beschäftigte mich mit ihnen und lief weiter durch den teilweise wieder aufgebauten Zwinger zur Kreuzkirche, um die Vesper zu hören. Als ich wieder singen konnte, musste ich nachmittags früher losfahren, weil das Einsingen vor dem Auftritt in der Vesper noch hinzukam. Doch ich versuchte auch da noch, möglichst viel vom kulturellen Angebot Dresdens wahrzunehmen. Meine Aufgeschlossenheit ging so weit, dass ich auch wenig besuchte Vorstellungen sowjetischer Autoren ansah, freilich kaum dazu in der Lage war, sie zu beurteilen, weil mir das theoretische Handwerk dafür fehlte. Bei einer Aufführung eines Stückes aus dem berühmten Moskauer Wachtangow-Theater spürte ich schon, dass auch aus dem Osten hohe Qualität kommen konnte. Auf dem Spielplan standen damals alle berühmten Klassiker. So manche Schauspielerin oder Schauspieler begeisterte mich. Es war mir immerhin möglich, reine Propagandastücke deutlich von „echten" Theaterwerken und Opern zu unterscheiden; dazu bedurfte es keiner besonderen Schulung.

Auch sonst wurde das Leben ganz anders. Auf einmal verstand ich auch die „schmutzigen" Witze der Klassenkameraden, die Anspielungen auf sexuelle Dinge. Mädchen sah ich nun mit ganz anderen Augen – bzw. nahm sie überhaupt wahr. Und wir hatten neuerdings auch Mädchen in der Klasse: Der C-Zug (mit Latein und Griechisch) wurde mit Schülern, die nicht im Chor waren, aufgefüllt. Und ich gehörte zum B-Zug, traute mir die „toten" Fremdsprachen nicht zu, sondern wollte eher Biologie, Mathematik, also den mathematisch – naturwissenschaftlichen Zug absolvieren. Die Schule bzw. der Unterricht wurde anspruchsvoller; man musste ihn ernster als bisher nehmen. So manches Mal musste ich bessere Mitschüler um Erklärungen von nicht verstandenen Aufgaben in Mathematik und Physik bitten. Chemie war anfangs ein Fach, das für mich aus lauter Unbekannten bestand – bis auf einmal alles klar wurde, wie es ein neuer Lehrer, Herr van Loyn, uns/mir beibringen konnte. Oft genug war ich mit meinen Gedanken auch gar nicht bei der Sache – entweder mit Romaninhalten beschäftigt (besonders russische und französische Literatur des 19. Jh. faszinierte mich) oder auch mit eher sexuellen Phantasien. Ich erinnerte mich z.B. daran, dass mich als Kind einmal ein „Großer", wie man so sagt, „berührt" hatte. Damals hatte es eine Affäre gegeben, die zum Rausschmiss eines älteren Kruzianers geführt hatte. Diese Geschichte hatte also Chor und Internat vor Jahren mächtig aufgeregt. Meine Mutter hatte wohl bei einem Elternabend davon erfahren und mich auch gefragt, ob ich damit etwas zu tun hätte, woraufhin ich verneinte, also log. Doch jetzt im höheren Alter verstand ich erst nach etwa 2 Jahren richtig, was dieser „Große" damals von mir gewollt und nicht bekommen hatte, denn ich war eher ein Spätentwickler. Ich sah in dieser Zeit auch manchmal neidisch, wie sich Mitschüler rascher als ich entwickelten, z.B. Haare an den Beinen bekamen, sich rasieren mussten. Berührungen beim Schwimmen – wir machten gerne „Eckhasch" im Arnoldbad - bekamen eine andere Bedeutung als kindliche Klapse oder kleine Raufereien. Mein kindlicher Jähzorn, der von einigen Mitschülern früher ausgenutzt worden war, verschwand fast ganz. Das wöchentliche Baden im Untergeschoss des Internats, in der Regel zu zweit oder zu dritt in 2 oder 3 Kabinen, bekam auch eine andere Bedeutung. Doch „Schlimmes" fand nicht statt – höchstens dass man sich ansah und feststellte, dass die Entwicklung ja nicht zum schlechtesten Ergebnis geführt hatte. Mädchen wurden immer bedeutender. Ich entdeckte auf einmal deren Beine, die mich zuvor nicht interessiert hatten. Und ärgerlicherweise gab es erst in der 10. und 11. Klasse die Tanzstunde und damit Begegnungen mit dem anderen Geschlecht auf eine neue Art und Weise.

Im Grunde genommen waren wir Altersgenossen also Mitte der 50er Jahre weitestgehend mit uns selbst beschäftigt, erlebten die Pubertät (schauten z.B. gemeinsam dem Geschehen zu, das gegenüber dem Internat wegen geöffneter Gardinen zu beobachten war!) und die Zeit unmittelbar danach, fast ohne das Umfeld wahrzunehmen. Natürlich wurde mehr auf Kleidung geachtet, bemerkten wir die modischen Veränderungen der Zeit, die berühmten Nierentische, die von heute aus gesehen schlimme Zeit der Verbannung aller Schnörkel von Häusern, in Drucksachen, Möbeln usw. Der Jugendstil war verpönt, Sachlichkeit war Trumpf. Die Milchbar am Schillerplatz, die wir gerne aufsuchten, war ganz in der Kühle der Zeit eingerichtet und gefiel uns. Doch im Osten war der neue Stil weniger zu erkennen als im Westen. Aber auch hier trugen die Mädchen Petticoats, also gestärkte Unterröcke, die die Beine betonten, was wir Jungen natürlich großartig fanden.

Unsere Klasse bzw. unser Jahrgang war in Chor und Internat besonders stark, was auffiel, weil die Jahrgänge darüber und darunter relativ schwach waren. Daher dominierten wir mehr als zwei Jahre den Männerchor. Einige waren Kurrendaner, wohnten also zu Hause und nicht im Internat, doch die meisten waren Alumnen. Und da war der Austausch von Meinungen und Gedanken gut möglich. Zwar gab es auch richtige Freundschaften zwischen Einzelnen, doch wir waren insgesamt an sich eine relativ geschlossene Gruppe. Wir tauschten unsere Eindrücke nicht nur auf Reisen mit allen aus, sondern sprachen ab und zu über die Lektüre. Diskussionen bis hin zu philosophischen Themen gab es öfters. Ich weiß noch, wie intensiv wir einmal dem Phänomen nachgingen, dass man in der Mathematik mit der Zahl

„Unendlich" rechnen kann. Unendlichkeit rührt aber nicht nur an die Philosophie, sondern auch an Astronomie und Theologie. Es ist klar, dass der Versuch, den Glauben rational zu erfassen, in diesem Zusammenhang scheitern musste. Doch immerhin trug diese wie auch andere Auseinandersetzungen dazu bei, den Kinderglauben zu überwinden. Im Übrigen half dabei durchaus auch die Beschäftigung mit Feuerbachs und Marx's Gedankengängen.

Weil ich nun unmittelbar nach der Mutation noch nicht an Konzertreisen teilnehmen konnte, träumte ich von einer privaten Reise in den Westen. Und der Traum ließ sich sogar verwirklichen. Damals gab es noch Reisegenehmigungen für jedermann in den Westen zu Verwandten und Bekannten. Ich besuchte auf eine Einladung hin ein paar Tage meine Quartiereltern in Gelnhausen, nahm das mitgebrachte Fahrrad und fuhr mit ihm zu meiner Cousine nach Langen bei Frankfurt. Nun wurden leider daraus nicht nur Tage, sondern Wochen, denn der Blinddarmdurchbruch musste sofort fern vom Elternhaus in Langen operiert werden. Die Cousine setzte mich danach in Frankfurt in den Zug nach Leipzig, wo mich mein Vater abholte. Anschließend gab es noch zwei Wochen mit Eltern im Erzgebirge, damit ich wieder zu Kräften kam. So kam ich verspätet im Herbst 1955 in die Klasse und in den Chor zurück

Der Prozess des Erwachsenwerdens

Entscheidungsjahr für beide deutsche Staaten 1955

In der Politik hatte sich in diesem Jahr 1955 einiges getan. Die beiden deutschen Staaten spielten offensichtlich eine größere Rolle in der großen Politik als zuvor, ging es doch eindeutig um die Wiederbewaffnung Westdeutschlands. Im Osten war diese schon geschehen, doch propagandistisch war die DDR natürlich empört darüber, dass Nazi-Offiziere beim Aufbau einer westdeutschen Armee Einfluss bekämen; man tat also so, als würde eine DDR-Armee ohne alte Offiziere auskommen. Und die Kasernierte Volkspolizei – was war die anders als schon eine deutsche Armee? Doch letztlich ging es um den Beitritt zur NATO und zum Warschauer Pakt, also um die endgültige Spaltung Deutschlands. Immer wieder hörte man von Werbegesprächen mit Altersgenossen in anderen Schulen in der Regel in den Räumen der Schuldirektoren für die KVP, bald dann auch für die NVA (Nationale Volksarmee). Im Internat hing am FDJ-Brett eine Aufforderung zu Schießübungen. Ich wandte mich empört ab, fand es unerhört, dass man so kurz nach dem Krieg in Ost und West schon wieder an Soldaten und Militär dachte, obwohl doch zur gleichen Zeit die Stadt und das Land voller ausländischem Militär waren, es auch wieder selbstverständlich geworden war, militärische Dinge zu propagieren. Die DDR-Sprache verriet alles: „Vorwärts zum Kampf gegen den Klassenfeind" oder „Verteidigung der Heimat – eine selbstverständliche Pflicht eines jeden" konnte man lesen. Im Westen wollte man die Wehrpflicht wieder einführen. Ein Konflikt schien sich anzukündigen.

Ich fand das ziemlich bedrohlich – vor allem im nächsten Jahr, als die Weltpolitik deutlich in meinem Bewusstsein begann, eine Rolle zu spielen. Die ungarische Revolution versetzte mich in Aufregung. Würde die Sowjetunion wohl die Umgestaltung des Landes gestatten? Gleich vermutete ich, dass es in Budapest nicht gut ausgehen konnte. Ich hörte heimlich Radio Luxemburg oder auf Kurzwelle BBC („Hier ist der Londoner Rundfunk." – So begannen die deutschsprachigen Sendungen; mein Vater hatte mich darauf gebracht.) Doch wie brutal der Revolution ein Ende gesetzt wurde, das hatte ich mir doch nicht vorstellen können. Ich habe noch die letzten Worte des Radio-sprechers des freien ungarischen Rundfunks in Erinnerung, der nach der Hilfe des Westens rief. Selbstverständlich standen in unserer Presse andere Formulierungen: Der Klassen-feind konnte besiegt werden, der Imperialismus musste eine Schlappe erleiden, hieß es.

Daneben ging es 1956 um den Nahostkonflikt. Ich ärgerte mich über die Franzosen und Briten, die gleichzeitig mit dem ungarischen Aufstand ägyptische Städte wegen des Suez-Kanals bombardierten. Mussten sie denn den Russen

114

Argumente liefern? Erst später begriff ich, dass diese Aktion ein spätes Aufflammen von Großmacht-Gehabe war; beide alten Großmächte sahen ihre Felle davonschwimmen und nutzten den Nahostkrieg aus. Seit diesem Konflikt hatten sie im Ost-West-Ringen nichts mehr zu sagen; es ging nur noch um die USA und die SU. Szenen waren aus Port Said zu sehen, die an den 2. Weltkrieg erinnerten – eine schreckliche Reminiszenz. Im Falle Israels stand ich klar auf der jüdischen Seite. Ich fand das Experiment, einen jüdischen Staat im Nahen Osten aufzubauen, hochinteressant und stand damit wieder gegen die DDR, die in Israel eine Vorhut des Imperialismus, sprich: der USA sah. Ich glaubte, dass wir Deutschen wegen unserer Vergangenheit einen Teil der Verantwortung für Israel tragen sollten, hatte ich doch gerade Auschwitz gesehen und einigermaßen begriffen, was in der NS-Zeit geschehen war. Die DDR-Haltung war mir also sehr suspekt. Die Vertreibungen durch die Israelis nahm ich freilich kaum wahr, dachte also ziemlich einseitig.

Im Alltag bedeutete dies, dass ich gespannt die Zeitungen las (und dabei feststellte, dass in der DDR an sich nur eine einzige existierte, denn die Formulierungen glichen sich oft genug Wort für Wort), insbesondere deren Karten studierte, hatten wir – oftmals war ein Klassenkamerad dabei - doch nur wenig Ahnung von den geographischen Verhältnissen. Manchmal waren sogar biblische Karten sinnvoll, um die Topographie kennen zu lernen.

In immer größerem Umfang nahm ich damals auch das literarische Leben wahr. Der Deutschunterricht lieferte dafür den Anlass. Nicht nur Thomas Mann war für mich schon in der Schulzeit ein wichtiger Name, sondern auch Bertolt Brecht - und das zu einer Zeit, als man den Dramatiker im Westen totschwieg und im Osten wegen seiner Kritik am Verhalten der DDR-Regierung am 17. Juni 1953 nicht gerade hofierte. Zur Lektüre beider Autoren wurde im Deutschunterricht durchaus angeregt. Anna Seghers´ Roman „Das siebte Kreuz" beeindruckte mich besonders neben den großen klassischen Dramen und auch Romanen. Neuere Werke lernte ich nicht nur im Theater kennen; insbesondere konnte ich mich auch für Lyrik begeistern. Einmal erregte ich mich im Unterricht in peinlicher Weise für Goethes „Willkommen und Abschied", da ich das Gedicht so einfühlsam vortrug, dass der Lehrer mich vor den Mitschülern „schützen" musste, weil ich ihnen es zu „romantisch" vorgetragen hatte. Im Unterricht bekamen wir auch theoretische Auseinandersetzungen über die angebliche Dekadenz einiger Literaten vermittelt, die in der DDR damals eine wichtige Rolle spielten und 1959/64 zum sogen. Bitterfelder Weg führten, der die Literatur mit dem sozialistischen Produktionsprozess verbinden wollte; letzten Endes scheiterte die von Walter Ulbricht und Alexander Abusch geförderte Theorie Ende der 60er-Jahre. Daraus ergab sich für mich ein stetiges Interesse an der DDR-Literatur auch zu einer Zeit, als ich längst im Westen war. Mit anderen Worten wurde in dieser Zeit der Berufswunsch nach einer Tätigkeit im literarischen Bereich gelegt.

116

In meiner politischen Entwicklung gab es im Sommer 1955 oder 1956 einen weiteren Schub: Ich las „Die Revolution entlässt ihre Kinder" von Wolfgang Leonhard. Die Umstände, wie ich zu der Lektüre kam, sind auch von allgemeinem Interesse. Höchstwahrscheinlich habe ich im Chor von dem Buch gehört. Ich wusste, woher auch immer, dass es in West-Berlin eine Amerika-Gedenkbibliothek gab, wo man das Buch lesen konnte. In einer Bibliothek zu arbeiten war mir außerdem vertraut, weil eine Art Jahresarbeit von der Schule verlangt wurde. Ich musste daher in die Sächsische Landesbibliothek gehen, um für den Biologie-Unterricht eine Arbeit über die Entwicklungsgeschichte des Menschen zu schreiben, später noch für irgendein Fach eine Arbeit über Indien und Kalkutta. Deshalb erkundigte ich mich, wo diese Bibliothek war und stellte fest, dass man in Berlin ja bequem von der Warschauer Brücke mit der U-Bahn zum Halleschen Tor fahren konnte. Die Endstation dieser Linie war die einzige Station in Ost-Berlin, so dass man schnell im Westen war. Weil ich nun einige Tage jenen Bruder besuchte, der in Gotha studiert hatte und der damals in einem Ost-Berliner Ministerium in der Nähe der Warschauer Brücke arbeitete, konnte ich morgens von seiner Unterkunft aus zum Mittagstisch fahren und ihn dort besuchen. Anschließend ging ich einige Schritte zur U-Bahn und war, weil nur stichprobenartig kontrolliert wurde, schnell am Halleschen Tor im Westen. In der Bibliothek las ich das im Osten verbotene Buch, in dem deutlich nachzulesen ist, welche Verhältnisse in der

117

Sowjetunion und in der SBZ geherrscht hatten. Das passte genau zu den Enthüllungen, die Chruschtschow im Februar 1956 auf dem XX. Parteitag der KPdSU öffentlich gemacht hatte: Das war der Beweis dafür, dass zumindest bis dahin ein verbrecherisches Regime in beiden Ländern geherrscht hatte. Doch wie schlimm das tatsächlich war, kann man erst heute nachvollziehen, nachdem die Archive geöffnet worden sind. Damals, also 1956, gab es noch die Hoffnung, dass sich etwas ändern würde. Wenn man im Osten auch alles Stalin anlastete (und sogar die Berliner Stalin-Statue beseitigte sowie die Stalin-Allee umbenannte) und damit Hoffnungen auf eine bessere Politik verbreitete, weil der „Personenkult" nun vorbei war, so konnte ich doch auf Grund von Leonhards Buch nicht an Veränderungen glauben. Zu tief, so kann man ihm auch bei erneuter Lektüre heute noch entnehmen, war das System in der SU von verbrecherischen Strukturen gekennzeichnet, und zu stark ist das Militär dort gewesen, als dass man Verbesserungen erwarten konnte. Deutlich genug beschreibt der Autor die „Gehirnwäsche", der er selbst während der Kriegsjahre in der SU ausgesetzt war. In mir regte sich der Gedanke, die DDR nach dem Abitur zu verlassen: Man setzt sich doch einem solchen System nicht aus, wenn man ihm relativ leicht entkommen kann! Allerdings fiel es mir schwer, mich zu diesem Gedanken durchzuringen, gab es schließlich die Eltern in Dresden und gab es schließlich den Kreuzchor, die Stadt Dresden, die ich besonders liebte. Obwohl in Königsberg geboren, war ich doch zu einem „echten"

118

Dresdner geworden. Freilich musste ich noch das Abitur machen.

Die Reisen im Jahre 1956 und 1957 führten den Chor sechsmal in den Westen, u.a. ins Saarland, das damals nicht ganz zur Bundesrepublik gehörte und noch eine eigene Währung besaß, wie wir feststellten. Wir sangen auch in Frankreich, wobei natürlich Paris ein besonderes Erlebnis war, nicht nur das Konzert in der Madeleine). Das Bachfest in Schaffhausen brachte in meinen Augen ein beinahe ebenso großes künstlerisches Erlebnis wie das Prager Konzert. Die letzte Tournee, auf die ich mitfahren durfte, war eine heimatliche nach Sachsen und Thüringen.

Bild 16: Meine Reisegruppe 1957 (hier in Magdeburg Hauptbahnhof, Knabenchor-Mitglieder mit Schülermützen)

Ich war nun halbwegs erwachsen und konnte die Informationen, die wir neben der Chortätigkeit bekamen, gut verarbeiten. Besonders interessant waren Diskussionen mit Quartiereltern, die mich auf die Schattenseiten des Wirtschaftswunders im Westen aufmerksam machten. Einmal war ich bei einem Akademiker-Ehepaar untergebracht, das äußerst kritisch dachte, die negativen Seiten der Sozialpolitik, obwohl an sich erfolgreich, hervorhob und davor warnte, mich vom angeblich „goldenen Westen" blenden zu lassen. Dieselbe Kritik erfuhr ich auch von den Münchner Verwandten, die um ihre Existenz kämpften und nur zum Teil erfolgreich waren. Stets war ich am Vergleichen, wurde auch oft genug nach den Bedingungen des Lebens in der DDR ausgefragt. Meine realistische Sicht der Verhältnisse in Ost und West rührte von derartigen Gesprächen her. Als ich später den Entschluss fasste, in die Bundesrepublik zu gehen, waren diese hilfreich: Ich wusste, dass es den „goldenen Westen" nicht gab.

Ruhepunkte Hellerau und an der Ostsee

Bild 17: Familienbild 1955

Zu Hause war es aber immer noch schön – im Internat ebenso wie in Hellerau. Per Fahrrad konnte ich an Sommerabenden Blasewitz und Striesen erkunden, an die Elbe fahren, ins Kino am Altenberger Platz gehen, wo man ab 10 Uhr morgens Filme anschauen konnte, denn es gab ja noch kein Fernsehen. Manchmal konnte ich einen Klassenkameraden übers Wochenende nach Hellerau mitnehmen, weil er in Plauen zu Hause war und sich die Reise dorthin für anderthalb Tage nicht lohnte. Zu meinen

121

Geburtstagen im Ferienmonat August gab es zumeist nur kleine Familienrunden, hatte also nur selten Kruzianer zu Besuch, weil alle Klassenkameraden bzw. Gleichaltrigen bei ihren Eltern waren, die von Plauen bis in die Oberlausitz lebten – in Orten, in denen wir in der Regel Konzerte gegeben hatten und in die man nur deshalb kurz an einem Sonnabend oder Sonntag per Bus gefahren war. Dreimal war ich sogar mit meinen Eltern zusammen in den Ferien: in der Oberlausitz, in Wernigerode und im Erzgebirge. Langweilig war es nie, u.a. weil ich auch von Hellerau aus besonders gerne in die Bäder in Klotzsche und im Moritzburger Teichgebiet per Rad fuhr. Der Chor organisierte auch ein einziges Mal während meiner Zugehörigkeit einen Urlaubsaufenthalt an der Ostsee: Einige Tage war man in einer Schule untergebracht, weitere Tage in einem Privatquartier in Ribnitz-Damgarten. Es gab lange Wanderungen am Darß entlang – immer an den vielen Nackten vorbei, die man natürlich beäugte. Diese Freizügigkeit existierte in dieser Hinsicht in der DDR schon früh; in diesem Ausmaß gab es sie im Westen, wenn ich das recht sehe, nicht.

Unangenehm war in der Weihnachtszeit die umfangreiche Karten-Schreiberei. Mauersberger ermahnte alle Kruzianer immer wieder, sich bei den Quartiereltern zu bedanken. Und meine Mutter achtete ganz streng darauf, dass ich diese Dankeskarten auch schrieb – und zwar möglichst abwechslungsreich. Ich durfte also nicht immer denselben Text verwenden! Und in manchen Fällen entspann sich ja auch ein Briefwechsel mit Töchtern der Quartiereltern: An drei „Fälle" erinnere ich mich noch gut, führten sie doch zu längeren Kontakten: mit einem Mädchen aus Mühlhausen /Thür., einem aus Erlangen und einem aus Potsdam. Ein besonderer „Fall" war eine Bekanntschaft mit einem polnischen Mädchen aus Kattowitz. Dort hatten wir zwar in einem Hotel übernachtet (Privatquartiere gab es im östlichen Ausland nie!), doch irgendwie hatte sie mir ihre Adresse zugesteckt und es kam zu mehreren Briefen. Ihr Deutsch wurde im Lauf der Zeit immer besser. Später, als ich bereits im Westen war, hoffte sie darauf, dass ich ihr bei der Ausreise aus Polen helfen könnte. Doch ich war schon gebunden und sagte ihr ab. Irgendwie hat sie es dann doch geschafft, denn ich bekam später einen Brief aus Leeds in England, wohin sie gelangt war.

Trotz der intensiven Chorarbeit wurde es in den letzten beiden Schuljahren 1956/57 und 1957/58 ernst. Es ging um die Zeit nach Chor und Schule, um Studium oder Ausbildungsplatz. Meine Überlegungen, womöglich in den Westen zu gehen, stellte ich erst noch hintenan, obwohl durch die DDR das Gerücht ging – und mein Vater kolportierte es -, Berlin würde irgendwie „zugemacht", so dass eine Flucht nicht mehr möglich werden würde. Doch Eltern, Stadt und auch Chor (obwohl man nach dem Abitur nur noch als „Ehemaliger" bei Oratorien mitsingen durfte) haben mich stark gebunden. Ich wollte es einfach probieren, ob nicht doch ein befriedigendes Leben in der DDR möglich sein würde.

Zukunft in der DDR?

Ich bewarb mich bei der Theaterhochschule in Leipzig, bekam die Aufforderung, ein modernes Theaterstück zu besuchen, es zu analysieren und eine Art Kritik zu schreiben. Diese Arbeit sollte dann entscheiden, ob man zu einem Gespräch an der Hochschule eingeladen werden würde. Man teilte auch mit, dass man sich ein wenig mit theoretischen Schriften befassen sollte und nannte Stanislawski, einem, wenn nicht dem wichtigsten russischen Theatertheoretiker, der im Gegensatz zu Brechts Theorie stand. Offensichtlich waren meine Ausführungen (worüber, weiß ich nun nicht mehr) gar nicht so schlecht, denn ich erhielt eine solche Einladung. Ich fuhr nach Leipzig und stellte mich dem Gespräch. Ich war auf Fragen nach der Theatertheorie gefasst, bekam aber (aus meiner Sicht) ärgerliche Fragen gestellt nach irgendwelchen Beschlüssen des ZK der SED, die tags zuvor im „Neuen Deutschland" gestanden hatten. Ich musste passen und fand mich nach ein paar Minuten auf dem Gang der Hochschule wieder. Frustriert fuhr ich nach Hause. Und nach einiger Zeit bekam ich auch eine Ablehnung, in der behauptet wurde, ich sei fachlich nicht geeignet – womit man meiner Meinung nach sich selbst widersprach, hatte man mich doch zum Gespräch auf Grund einer als gut bewerteten Arbeit eingeladen. Im Nachhinein denke ich, dass an eine direkte Übernahme von Anfang an gar nicht gedacht war; man wollte noch unerfahrene und ideologisch womöglich ungefestigte Schüler

124

(womit eine marxistisch-leninistische Einstellung zugunsten von SU und DDR gemeint
war) gar nicht nehmen und kaschierte die
Ablehnung mit angeblich fachlichen Schwächen. Schließlich kann jemand, der das ND
nicht liest, kein überzeugter Anhänger des
SED-Regimes sein! Nun, das stimmte zwar,
doch mein Ärger bestand vor allem darin, dass
man mich gar nicht für voll genommen hatte –
bzw. einem Jungen, der auch noch in einem
kirchlich geprägten Institut aufgewachsen war,
mit Vorurteilen gegenüber trat.

Dass ich kirchlich geprägt war, kann ich freilich
bestätigen. Im Chor spielte der Dienst in der
Kreuzkirche wie auch bei fast allen Konzerten
eine entscheidende Rolle. Mauersberger hatte
diese kirchliche Bindung schon gegenüber den
Nazis betont und blieb auch zu DDR-Zeiten
dabei. Atheistische Bestrebungen lehnte er ab
und war zu Kompromissen nicht oder nur ganz
selten bereit (siehe seine Auseinandersetzungen mit den Schuldirektoren zu
DDR-Zeiten in: Härtwig, Dieter und Herrmann,
Matthias (Hg.): Der Dresdner Kreuzchor.
Leipzig 2006, S. 153 ff.). Wenn wir in Dresden
und nicht auf Reisen waren, sangen wir
natürlich sonntags im Gottesdienst – anfangs in
der Annen-, später nach der Einweihung am
13.2.1955 wieder in der Kreuzkirche.
Sonnabends war Kreuzchorvesper – wie auch
heute noch. Die Musikliteratur umfasste
Heinrich Schütz und Bach bevorzugt, aber auch
Bruckner und Brahms, viele moderne Kom-
ponisten wie Günter Raphael oder Ernst

Pepping. Willy Burkhardt widmete wie andere auch dem Chor mehrere Werke. Mauersberger veranstaltete Heinrich-Schütz-Tage, in denen bis dahin unbekannte Werke des Dresdner Altmeisters vom Kreuzchor, aber auch von anderen Chören aufgeführt wurden. Ich war beim Schreiben von Noten beteiligt, früher für das damals neu herausgegebene thüringische Gesangbuch, später um nicht veröffentlichte Schütz-Noten zu vervielfältigen. Und wir „Großen" mussten daher auch so manche Abendprobe mitmachen, obwohl diese norma-lerweise nur für die „Kleinen", also den Knabenchor oder gar nur für 5. und 6. Klasse, gedacht war. Unsere Freizeit wurde daher noch stärker beschränkt. Doch es war eine interes-sante Arbeit – so wie mir auch die Jahres-höhepunkte trotz der Überbelastung, die erfor-derlich war, ausgesprochen gefielen: Ostern und Weihnachten brachten stets Oratorien (Weihnachtsoratorium oder Matthäuspassion) Ostervesper bzw. Weihnachsliederabende, Oster- bzw. Christmette am I. Feiertag um 6.15 Uhr und Bischofsgottesdienste – also unge-heuer viel Probenarbeit und angespannte Auf-führungen. Wie Weihnachten im Chor be-gangen wurde, kann man dem folgenden Essay entnehmen:

Weihnachten im Dresdner Kreuzchor in den 50er-Jahren (verfasst im Jahre 2000)

„Es ist Heiliger Abend. Wir stehen auf, waschen uns und wollen frühstücken. Doch da ist etwas ganz anders als sonst: Wir können nicht in den Speisesaal, er ist verschlossen. Auf einem Zettel steht, dass wir in die Kellerräume gehen müssen. Ich erinnere mich, dass ich im ersten Jahr meiner Kreuzchorzeit erst einen Alumnen (so heißen die Bewohner des Internats, im Unterschied zu den Kurrendanern, die, da die Eltern in der Nähe leben, zu Hause wohnen) fragen musste, was denn los sei. Es ist jedes Weihnachten so, denn viele Helfer sind am Abend, in der Nacht und auch noch am Vormittag des Heiligen Abends dabei, die Geschenke für uns auf die Tische zu legen und den Raum zu schmücken. Wir haben nicht viel Zeit, denn am Vormittag ist die Hauptprobe für die beiden Christvespern am Nachmittag und frühen Abend. Daher geht es rasch, bis wir fertig sind. Schnell wird der Mantel angezogen und die 10 Minuten zur Straßenbahn gelaufen. In der Kreuzkirche geht noch alles drunter und drüber. Der „Chef" – so unsere Bezeichnung für Mauersberger, den Chorleiter seit 1930 – ist schon wieder auf 100, denn es klappt nicht alles so, wie er es sich vorstellt. Im Grunde will er die Hauptprobe ohne jeden Fehler durchziehen, damit noch Zeit bleibt, einige Teile der Mette, die am 1. Feiertag schon 6.15 Uhr stattfindet, zu proben. Und siehe, nach kurzer Zeit ist doch alles durchgesungen und -gespielt.

Es bleibt tatsächlich noch Zeit, die Szene mit den drei Heiligen Königen durchzunehmen. Diese klappt heute viel besser als gestern, denn mein Klassenkamerad, der den 2. König singt, ist heute gut bei Stimme. Er hat eine Erkältung hinter sich.

Und schon ist die Masse der Kruzianer wieder auf dem Weg ins Internat, während ich mich noch um die Kurrendemäntel und Kostüme kümmern muss, die ich drei Jahre lang betreue. Alle müssen so hingehängt werden, dass sie morgen, wenn sicher viele noch ganz müde sind, mit einem Griff an der gewohnten Stelle zu finden sind. Jetzt bin ich fertig und fahre auch ins Internat, wo es wieder im Keller den Eintopf gibt. Auch er hat Tradition, denn an sich können wir uns über das Essen nicht beklagen, es ist stets reichhaltig und sicher abwechslungsreicher als in so manchen Privathaushalten und Betriebsküchen, da wir Kruzianer die „Schwerarbeiter" – Lebensmittelkarte bekommen. Und sogar diejenigen, die wie ich keinen Fisch mögen, erhalten auch an Fisch-Tagen ein gutes Essen.

Es ist erneut nicht viel Zeit, denn um 15 Uhr beginnt die erste Christvesper. Es war in den letzten Tagen – man muss sogar sagen, Wochen – stets sehr aufregend, hat der Chor doch in der Adventszeit ein riesiges Programm zu bewältigen: Da sind die Weihnachtsliederabende, die statt der normalen Vespern (kleinen Konzerten mit kurzer Andacht an Samstagabenden um 18, im Winter um 17 Uhr) stattfinden und für die natürlich auch

geprobt werden muss, da sind die beiden
Aufführungen des Weihnachtsoratoriums vorzu-
bereiten , da wird für die Weihnachtsvesper und
–mette geübt und da müssen die Anproben für
die Mette gemacht werden – eine Schneiderin
und unsere Hausmutter helfen dabei - , und
nicht zuletzt müssen die Rollen auswendig
gelernt werden. Ja, und so nebenbei hat man ja
auch noch Unterricht und Klavierstunden.
Freizeit findet im Dezember folglich keine statt.
Aber seltsam – ich finde das überhaupt nicht
schlimm! Ich finde diese Arbeit so wunderschön, weil ich weiß, dass sich viele tausend
Konzertbesucher – die Kreuzkirche hat über
3000 Plätze – ein Weihnachten ohne Kreuz-
chorveranstaltungen nicht vorstellen können.
Und es ist natürlich auch schön, Verantwortung
zu tragen und in den Weihnachtsmelodien zu
schwelgen.

*Bild 18: Dresdner Kreuzchor vor dem Altar der
Kreuzkirche 1957*

Vor 15 Uhr komme ich an die Kreuzkirche und sehe schon von der Straßenbahnhaltestelle aus eine große Menschenmenge, die in die Kirche will. Wahrscheinlich bekommen wieder viele keinen Platz und warten bis zur Wiederholung der Vesper um 17 Uhr. Ich vernahm einmal das Gerücht, dass sogar die Volkspolizei herbeigeholt wurde, weil das Durcheinander an den Eingängen zu groß war. Dies hat mich besonders gefreut, weil inmitten des „Kirchenkampfes" des atheistischen Staates insbesondere gegen die Junge Gemeinde ein staatliches Organ eine religiöse Veranstaltung schützen musste! Nun, ich komme ja über die Sakristei herein, deren Eingang genau kontrolliert wird.

Die Glocken werden geläutet. Und schon geht ein Schauder über meinen Rücken: Es ist ein Geläute von ungeheurer Wirkung, insbesondere weil die riesigen Glocken so tief gestimmt sind. Es ist übrigens nur wieder zu betätigen gewesen, weil die elektrische Anlage aus dem Westen besorgt werden konnte. Mit Pauken und Trompeten wird die Vesper eröffnet. „Macht hoch die Tür" ist die erste Motette, die wir diesmal nicht a-capella, sondern mit einer von Mauersberger gestalteten Bläserbegleitung singen. Eine Fülle von Weihnachtsliedern folgt. Die nüchterne Kirche, deren Bau wegen der akustischen Wirkung nur mit Rauputz versehen ist, wird durch die vielen Glühbirnen rundum und durch viele Kerzen in einen festlichen Raum verwandelt. Das Evangelium wird von einem Sopransolisten gesungen, das „Kindelwiegen"

130

am Altar vorgeführt mit der Weise aus dem Kölner Gesangbuch von 1623 „Vom Himmel hoch, o Engel kommt". Das Quempassingen (von Quem pastores laudavere = Den die Hirten lobten) erfüllt den riesigen Raum, denn die Kruzianer stehen an vier Ecken der Kirche, so dass die ganze Gemeinde einbezogen wird. Ein Tenor aus dem Männerchor singt zur Gitarre das „Stille Nacht, heilige Nacht", so wie es 1818 in Tirol zum ersten Male gesungen wurde. Ich empfinde es als ein Wunder, dass hier mitten in der DDR, in der die evangelische Kirche schon lange drangsaliert wird, Gott im Mittelpunkt einer Massenveranstaltung steht! Wieviele „Genossen" mögen sogar hier in der Kirche sein – obwohl sie es offiziell sicher niemals zugeben würden! 1 ½ Stunden lang, nur unterbrochen von der Predigt, dauert das Singen und Spielen des Chores und des Orchesters. Auch die Gemeinde wird immer wieder mit einbezogen. Und am Ende wird der Ausgang erneut durch das tiefe Geläute begleitet.

Nach der 2. Vesper bin ich mit meinen Eltern verabredet. Es ist freilich nur eine kurze Begegnung, wie auch sie wissen. Denn in einer Stunde muss ich zur Bescherung im Internat sein – und die will ich natürlich nicht verpassen! Sicher meinen viele Leser jetzt, wie grausam das sei, dass die Sänger schon ab dem 10. Lebensjahr den Heiligen Abend nicht zu Hause verbringen. Doch ich habe das niemals so empfunden: Ich war alle die Jahre gerade zu Weihnachten stets glücklich, dass ich es so und nicht anders erleben durfte.

Die Straßenbahnfahrt durch die dunkle Stadt hat am Heiligen Abend ihren besonderen Reiz, kann man doch in viele Fenster sehen, hinter denen schon die Bescherung stattfindet. Vom Pohlandplatz geht es zur Eisenacher Str. Wir stellen uns am hinteren Ende des Ganges auf, nehmen Kerzen in die Hände, entzünden sie und singen, zum Speisesaal in Zweierreihen gehend, Weihnachtslieder. Ich muss wieder aufpassen, dass ich nicht allzu gerührt werde, da ich mich in einer großen Tradition sehe: Wer weiß schon, wie viele Jahre, vielleicht sogar Jahrhunderte so im Kreuzchor Weihnachten begangen wurde? Die Flügeltür wird weit geöffnet und wir sehen den geschmückten großen Raum mit dem großen Weihnachtsbaum; selbst die normalen Esstische sind schön geschmückt. Und links sind zusätzlich Tische aufgestellt, auf denen für jedes Chormitglied persönliche Geschenke liegen. Doch zunächst gibt es eine Ansprache von Mauersberger. Sie war meistens feierlich – aber einige Male ließ er auch seinem Ärger über einige Pannen bei den vorherigen Veranstaltungen freien Lauf. Einige ärgern sich darüber. Ich nahm diese Ausbrüche nie sehr ernst. Mir war es viel wichtiger, das schöne Essen einzunehmen und nachzuschauen, ob auch meine Wünsche bzw. welche von ihnen erfüllt worden sind. Ich weiß, dass auf unseren vielen Reisen, insbesondere nach Westdeutschland, die Begleiter, insbesondere „Fräulein" Hofmann, die Sekretärin von Mauersberger, laufend damit beschäftigt waren, für Weihnachten Einkäufe zu tätigen.

Natürlich darf man am Heiligen Abend länger aufbleiben – auch die Kleinen. Jedoch werden sie immer wieder ermahnt, daran zu denken, dass man am Morgen um 5 Uhr geweckt wird. Und das ist sehr herb. Ein Bus ist bestellt, damit wir nicht Zeit verlieren – insbesondere nach der Mette.

In den Sakristeien herrscht nach unserer Ankunft ein Gewusel. Jetzt zahlt es sich aus, dass ich die Kostüme an den gewohnten Platz gehängt habe. Und so kommt es dabei nicht zu einer Panne. Ich habe noch kurz Zeit, bevor ich mich in den I. Tenor – König verwandle, nachzuschauen, wie viele Leute denn da sind. Und wieder bin ich erstaunt, dass das ganze Schiff voll ist und schon die Emporen geöffnet werden müssen. Die Mette klappt vorzüglich. Trotz des frühen Morgens singen die „Engel" des Soprans wunderschön, auch die Maria schafft ihr Krippenlied gut – vielleicht etwas zu leise für die große Kirche. Ich höre da genauestens hin, habe ich doch als Knabe dreimal die Maria gespielt und gesungen – sogar schon, als die großen Weihnachtsveranstaltungen, also auch die Mette, in der Garnisonskirche stattfanden, weil die Kreuzkirche noch eine ausgebrannte Ruine war. Der Auftritt der 3 Könige funktioniert auch bestens; wir sind bei voller Stimme – trotz der großen Räucherei mit dem Weihrauch, dem wir mit Wachs noch nachhelfen, damit auch im letzten Winkel der Kirche jeder etwas davon riechen kann.

Bild 19: Szene „Anbetung der Könige" aus der Weihnachtsmette des Dresdner Kreuzchores im Altarraum der Kreuzkirche. Historische (unscharfe) Aufnahme, etwa 1956.

Kaum ist alles vorüber, habe ich dafür zu sorgen, dass alle ihre Kurrendemäntel und Kostüme richtig aufhängen. Natürlich sind wieder viele Schlamper dabei, die sich an meine Ordnung nicht gewöhnen können. Aber ich habe auch keine Zeit dafür, lange alles zu ordnen, geht doch der Bus gleich 5 Minuten nach Ende der Mette. Also lasse ich alles liegen und fahre mit den anderen wieder ins Internat.

Ja, und hier trifft man auf eine entspannte Atmosphäre: Stollen und Bohnenkaffee, den es nur einmal im Jahr gibt, riechen schon weit vor dem Speisesaal. Viele Kameraden sind oben bei ihren Schränken und packen. Denn uns steht nur noch der Bischofsgottesdienst bevor – und dann beginnen die Weihnachtsferien. Insbesondere die Auswärtigen, etwa die Hälfte der Kruzianer, wollen gleich nach unserem

Auftritt zum Bahnhof, weshalb sie ihre Taschen bereits mit in die Kirche nehmen. Um 9.30 Uhr beginnt der Gottesdienst, in dem stets die wichtigsten Chorsätze aus den ersten Teilen des Weihnachtsoratoriums wiederholt werden. Mitglieder der Philharmonie, die uns schon beim Oratorium wie auch in der Vesper begleitet haben, sind wieder dabei.

Vor der Predigt dürfen (bis auf wenige Sänger, die – wie es in unserem Jargon heißt – „Dienst" haben, also bis zum Ende des Gottesdienstes bleiben), Kruzianer und Instrumentalisten gehen. Ich kann ebenfalls losziehen, denn ich muss noch in der Sakristei die Kostüme zum Transport herrichten. Gegen 12 Uhr bin ich fertig. Einige, die auch wie ich ins Internat zurückfahren, helfen mir beim Tragen. Mit dem Bus geht's wieder in die Eisenacher Straße, wo ich alles aufräume.

Und nun nehme auch ich meine Tasche und laufe zum Schillerplatz, um nach Hause zu fahren. Eine Stunde ist es mit den damals sehr langsamen Straßenbahnen bis dorthin. Ganz kaputt, aber auch glücklich nimmt mich meine Mutter in die Arme. Früher, als ich noch kleiner war, musste ich noch bis zum Spätnachmittag warten, bis ich eine Sonderbescherung bekam. Doch jetzt mit 15/16/17 Jahren setzte ich es durch, dass ich gleich erfahren darf, was ich an Geschenken erhalte. Und nun beginnt eine Ruhezeit, die ich genieße vor allem mit Lesen – bis zur Probe am Nachmittag des 31. Dezember für die Silvestervesper, die besonders wichtig ist, weil an ihr nur die Dresdner teilnehmen und nicht die Auswärtlgen. Daher wird jede Stimme besonders dringend gebraucht.

Auf diese Art und Weise oder zumindest ähnlich wird auch heute noch Weihnachten beim Dresdner Kreuzchor gefeiert. Und so erfährt jeder Kruzianer immer wieder neu einen Bestandteil einer langen Tradition, der auch durch starke politische, atheistische Einflüsse nicht zerstört werden konnte, auch nicht durch Nationalsozialisten und Kommunisten."

Die Welt der DDR und die Welt des Kreuzchores

Mancher Leser wird nun sagen, dass es ja eine unerhörte Anstrengung war, der auch schon 10 – 11-Jährige ausgesetzt wurden und immer noch werden. Doch ich glaube verständlich gemacht zu haben, dass wir Kruzianer durch den Chor in eine Tradition versetzt wurden, die einen sicheren Halt vermittelte. Es war tatsächlich nicht die DDR-Welt, die Welt des angeblichen Sozialismus, die der Spitzel – obwohl auch wir spürten, dass Äußerungen Einzelner dem Schulleiter hinterbracht worden waren -, die Welt der mangelhaften Versorgung mit einfachsten Gütern des täglichen Bedarfs, die Welt der reinen Ökonomie, ging es doch stets um „Ernteschlachten" und Stromsparaufrufe, weil die Braunkohle noch nicht zu jenem Effekt führte, den wir heute gewöhnt sind, um Planerfüllung zu Ehren irgendeines Parteitages. Einerseits war der Terror, wie er heute nun deutlich dokumentiert werden kann, verborgen – andererseits herrschte Angst vor dem Staat, vor der Besatzungsmacht, weil man Gerüchte gehört hatte, die die Grausamkeiten der Obrigkeit bestätigten (und deren Richtigkeit heute bewiesen ist). Man ahnte nur, was einem passieren kann und hielt sich daher mit Meinungsäußerungen zurück. Und die meisten Menschen fügten sich, waren sie doch in der NS-Zeit groß geworden, in der man auch dem Zwang ausgesetzt war, „sich übermächtigen Gegnern anpassen zu müssen." (Ebert, Dorothea und Proksch, Michael: Und plötzlich waren wir Verbrecher – Geschichte einer Republikflucht. München 2010, S. 139) Arbeitskollektive sollten ein „sozialistisches Bewusstsein" dokumentieren, z.B. um bei Wahlen gemeinsam abzustimmen – Wahlen, die wie schon in der NS-Zeit keine Auswahl zuließen, weil nur eine Liste erlaubt war. Es war die Welt, die die Geschichte nur propagandistisch wahrnahm, wie uns der Film „Ernst Thälmann – Sohn seiner Klasse", den wir zwangsweise und im Klassenverband besuchen mussten, vermittelte. Da „draußen" war eine unangenehme Welt, die unsere Welt ablehnte, sogar bekämpfte, unsere Welt, die vom Christentum geprägt war, wenn sie auch Frömmeleien ablehnte, die uns von den Gegnern unterstellt wurden. Ich war sogar mehr als viele Klassenkameraden engagiert, weil ich längere Zeit die Andachten im Internat abhielt, vor allem die Abendandachten, zu denen niemand gezwungen war, zu denen aber stets fast alle Alumnen kamen. Das war keine große Veranstaltung; es ging wie morgens auch am Abend um die berühmten Herrnhuter Losungen, um die eigene Auswahl von Bibeltexten und ein paar Worte dazu und schließlich um ein Gebet. Ob diese Aktivität meinen Dresdner Brüdern bekannt war (der älteste war schon längst in Berlin; ihn sah ich seit Eintritt in den Chor so gut wie nie.), weiß ich gar nicht. Jedenfalls hätten sie sicher ihre Köpfe geschüttelt. Es genügte auch so schon, ihre abschätzigen Bemerkungen zu Hause wahrnehmen zu müssen, wenn es um den Chor oder auch um die Begeisterung meiner Mutter über unsere Vespern und Konzerte ging. Es ist klar, dass sie ganz stolz war, wenn sie von meinen besonderen Einsätzen hörte: Schon früh hatte „der Chef" mich für Ansagen bei Programmänderungen bei Konzerten ausgewählt, weil mein Deutsch dem Hochdeutschen deutlich näher kam als das Sächsisch meiner Mitsänger. Von meinen Sonderrollen bei den Metten zu Weihnachten und Ostern war schon die Rede. Jedenfalls war wohl auch Mauersberger aufgefallen, dass ich mich für den Chor begeistert einsetzte und christlich orientiert war: Er meinte, kurz bevor die Chorzeit beendet war, ich würde doch wohl Theologie studieren. Er war ein wenig enttäuscht, als ich ihm sagte, darum ginge es nicht, ich würde wohl eher Lehrer werden. Dass ihm das auch vertraut war, ging daraus hervor, dass ich schon als Heranwachsender einigen „Kleinen" Nachhilfeunterricht gegeben hatte; er wusste auch davon, dass der Kantor in Freiberg, dessen Sohn ich „unterrichtet" hatte, mich bzw. meinen Tenor engagiert hatte, um seinen Domchor bei ein paar größeren Aufführungen zu verstärken.

138

Mir gefiel diese „Mugge", wie die Musiker sagen, gut, waren doch damit pro Aufführung 10 DM verbunden, die ich gut gebrauchen konnte – schon, um mal mit einem Mädchen ausgehen zu können. Letzteres geschah manchmal gegen den Willen unserer Erzieher, denen wir nicht die Fenster zeigten, die wir offen ließen, damit wir sie auch nach der zugestandenen Zeit benutzen konnten. Überhaupt nahmen wir die drei Erzieher, an die ich mich erinnern kann, nicht sehr ernst. Wir meinten sogar, sie seien uns bloß zur politischen Überwachung zugeteilt worden. Daher hüteten wir ihnen gegenüber unser Mundwerk; wir vermuteten, dass sie Zuträger für den Schuldirektor waren. Und dieser zusammen mit dem „Pädagogischen Rat" waren auch für die Beurteilung zuständig, die man für die Bewerbungen brauchte. Dass es auch geheime Beurteilungen geben würde, die man nicht einsehen konnte, ahnte ich damals noch nicht.

Gespräch mit der Russisch-Lehrerin, Sommer 1958 (Fiktion)

- Na, Eberhard, die schriftliche Prüfung lief ja wunderbar.
- Ja, ich bin es nicht gewohnt, dass ausgerechnet die Nacherzählung so gut klappte. Ich hatte da doch immer weit unterdurchschnittliche Noten.
- Das stimmt schon. Doch diesmal war es anders. Offensichtlich haben Sie sich angestrengt.
- Das tat ich früher aber auch. Und dennoch waren die Nacherzählungen immer schlechter als die Übersetzungen.
- Wie dem auch sei, Sie können sich mal überlegen, ob Sie nicht Ihre 3 verbessern wollen. Ihre Aussprache ist doch gut, und lesen können Sie auch nicht schlecht.
- Oh, dass ich so eine Chance bekomme, habe ich nicht gedacht.
- Sie müssen dafür eben im Mündlichen eine gute Note machen.
- Wenn das die Bedingung ist, dann verzichte ich gerne. Ich glaube einfach nicht, dass ich das schaffen könnte und bin mit einer 3 sehr zufrieden.
- Das finde ich aber schade. Ich hätte Ihnen das zugetraut.
- Aber Sie wissen doch, dass Russisch für mich, bis Sie unsere Lehrerin wurden, nicht gerade das Lieblingsfach war. Und in den zwei Jahren haben wir viel bei Ihnen gelernt, doch die Grundlagen sind ziemlich dürftig.
- Na, Sie müssen das selbst wissen.

Zeugnisbeurteilungen

a)Abschlusszeugnis der Grundschule von 1954

Fleiß und unterrichtliche Mitarbeit: gleichbleibend gut.
Besonders zu loben ist seine Einsatzbereitschaft
Gesamturteil über das Ergebnis der Abschlussprüfung: „gut bestanden"

b) Reifezeugnis der Oberschule von 1958

Die Reifeprüfung wurde „gut bestanden".
Eberhard war vielseitig interessiert, fleißig, zielstrebig, gewissenhaft und zuverlässig in seiner gesamten Mitarbeit. Seine innere und äußere Haltung war vorbildlich.
Eberhard ist Mitglied der FDJ und nahm als Sänger des Dresdner Kreuzchores an dessen zahlreichen Veranstaltungen und Konzertreisen regelmäßig teil. Darüber hinaus beteiligte er sich aktiv an den Laienspielen im Rahmen der Kulturarbeit unserer Schule.
(Es folgen die Einzelnoten.)

c) Geheime Beurteilung des Pädagogischen Rates 1958

Eberhard Wilms stammt aus einer Familie, die weltanschaulich nicht einheitlich ist. Besonders seine Mutter ist nach unserem Wissen stark religiös gebunden. Dieser Einfluss wird bei E. W. sichtbar; verstärkt wird er noch durch seine

Zugehörigkeit zum Dresdner Kreuzchor. Wilms´ älterer Bruder dagegen ist Mitglied der SED und in wichtiger Funktion an der Greifswalder Universität tätig. Auch sein Einfluss auf E. W. ist spürbar. Daraus ergibt sich die in unserer Beurteilung enthaltene Feststellung, dass seine Haltung noch nicht klar ausgeprägt sei. Von den Angehörigen des Kreuzchors, die dieses Jahr ihr Abitur an unserer Schule ablegen, gehört E. W. aber sicher zur positiven Gruppe. Was uns immer besonders gefiel, war die Tatsache, dass er seine starke Belastung als Angehöriger des Dresdner Kreuzchores niemals dazu ausnutzte, sich vor schulischen und außerschulischen Veranstaltungen zu drücken, im Gegenteil sie immer aktiv unterstützte.

Sommer
(Direktor)

Vorschlag der Vorauswahlkommission:

E. W. wird zum Studium in der 2. Fachrichtung nach Ableisten des praktischen Jahres empfohlen. E. W. hat im Dresdner Kreuzchor und in der Schule aktive gesellschaftliche Arbeit geleistet.

Das Abitur war vorbei, doch wir blieben noch im Internat, weil die letzte Chorreise, meine 25. längere Reise (die Tagesfahrten natürlich nicht mitgezählt) noch anstand. Allerdings war die Bedingung, bis dahin eine praktische Tätigkeit zu machen. Ich meldete mich bei der Post und trug Zeitungen aus. Dafür hatte ich sehr früh aufzustehen, weil bis spätestens 7.30 Uhr alle Zeitungen verteilt sein mussten. Ich fand diese Tätigkeit nicht schlecht, weil ich so die Umgebung von Striesen/Blasewitz noch besser kennen lernen würde. Doch sogleich beschlich mich eine gewisse Wehmut, war die Zukunft doch nicht klar. Ich hatte noch keinen Bescheid darüber, ob ich gleich zu studieren anfangen kann, und ich hatte einige schlimme Erfahrungen bei Bewerbungen an anderer Stelle gemacht. U.a. wurde mir gesagt, ich solle mich doch bei der NVA bewerben. Wenn ich den Dienst hinter mir hätte, bekäme ich sicher einen Studienplatz. Und bei der Post, bei der ich mich auch bewarb, hieß es, eine Stelle für einen Jungen, der aus dem „reaktionären" Laden des Kreuzchores käme, gäbe es nicht. Wo ich auch hinschaute: Andere Menschen als jene, die die angeblich sozialistische Staats-gesinnung vertreten, waren nicht erwünscht. Freilich hoffte ich, dass es in einer Universität anders aussehen würde. Dass das nicht der Fall gewesen wäre, weiß ich erst heute. Doch immerhin gab es solide Ausbildungsgänge, wie ich nach der Wende von Klassenkameraden erfuhr, die diesen Weg gegangen waren. Einige machten auch praktische Ausbildungen vor technischen Berufen und sehen diese Erfah-rung heute positiv. Mich reizten technische Fächer aber gar nicht; Deutsch und Geographie als Studienfach hatte ich ausgewählt und dachte, dass man dazu keine praktische Erfahrung benötigt – ein Irrtum, wie sich später herausstellte.

Ja, und im Hintergrund existierte noch immer die Option, in den Westen zu gehen. Wie dieser Weg aber genau aussehen würde, war natürlich nur in ganz vagen Umrissen vorstellbar. Im Internat erfuhr man von älteren Mitsängern, dass es da eine Stelle in West-Berlin gäbe, an die man sich wenden müsste, wollte man „abhauen". Sie war in der Masurenallee und unterstand dem Berliner Senat. Da wir schon öfters in Berlin gesungen hatten, wusste ich genau, wo das war. Man vermittelte mir auch, dass man dazu freilich das Abiturzeugnis brauche. Und da drohten Gefahren! Schließlich wurden die Züge nach Berlin einige Kilometer vor der Stadtgrenze angehalten und das Gepäck kontrolliert. Ich wusste vor allem durch Verwandte, dass es schon vielen Mutes bedurfte, um das Ziel zu erreichen. Eine Tante war „erwischt" worden und musste 6 Wochen ins Gefängnis; ein Onkel war davor schon nach West-Berlin gegangen – und er hatte keine Probleme gehabt. So ganz heimlich erfuhren wir auch mehr oder weniger Gerüchte von Kruzianern, die es auch geschafft hatten. Offensichtlich musste man es klug anstellen, wenn man wichtige Dokumente mitnehmen wollte. Immerhin gab es den Weg noch. Nichts war davon zu hören, dass Berlin „zugemacht" werden würde, noch war das nur eine abstrakte Vorstellung, deren Umsetzung unwahr-scheinlich war. Wie sollte man denn eine Stadt halbieren mit ihren Telefon- und Stromkabeln, mit den gemeinsamen Verkehrsmitteln, mit der Wasser- und Abwasserversorgung? Mit den

Klassenkameraden sprach man freilich nicht über evt. Absichten, die DDR zu verlassen. Denn dass es gefährlich war, solche Informationen nicht den Behörden weiter zu sagen, war bekannt und konnte zur Bestrafung der Mitwisser führen. Wir gingen stillschweigend davon aus, dass man einander nicht belasten sollte.

Die feierliche Übergabe der Zeugnisse fand in der benachbarten Andersen-Nexö-Oberschule statt, die über einen schönen Festsaal verfügte, den es in unserem Internat und in der Schule nicht gab. Schließlich hatten wir nur ein Drittel des jetzigen Raumes, den Schule und Internat heute einnehmen. Die Schule bestand aber auch nur aus Klassen, in denen Kruzianer waren, und nannte sich „Internatsschule des Dresdner Kreuzchores". Die Kreuzschule war in diesen Jahren unabhängig von uns in der Stadtmitte und wurde erst ein Jahr später, 1959, mit dem Chor wieder vereinigt. Bei der Verabschiedung gab es die üblichen Reden vom Sozialismus, für den wir gelernt hätten. Der Schulleiter äußerte sich also staatsfromm und bewirkte, dass wir bei seinen Phrasen schier einschliefen, denn denen kann man nur so begegnen, wenn man nicht offen gegen sie auftreten kann. Wer als Schüler sprach, weiß ich nicht mehr – jedenfalls waren seine Worte sicher interessanter. Mein Vater hatte mir irgendein Abzeichen gegeben, das an eine Königsberger Tradition erinnerte und das ich bei der Feierstunde tragen sollte. Genaueres weiß ich nicht mehr. Ich nahm es etwas widerwillig in Empfang, trug es aber ihm zuliebe. Ich wollte einfach aus der Phalanx meiner Mitschüler nicht herausragen. Doch diese bemerkten das nicht, waren wohl offensichtlich mit sich selbst beschäftigt.

Das Zeugnis konnte sich sehen lassen. Ich war nicht unzufrieden. Auch die Beurteilung darauf war akzeptabel. Zwar wurde dort behauptet, ich sei Mitglied der FDJ, hatte aber schon Jahre lang keinen Beitrag mehr gezahlt, fühlte mich also nicht als Mitglied. Jahrzehnte später erfuhr ich erst, dass aber die Satzung des FDJ dies so ermöglichte. Wie dem auch sei: Die Schulzeit endete in Dresden ziemlich feierlich, natürlich auch mit einem Ball.

Wir hatten damit ja Erfahrungen; ich erinnere mich an zwei Hausbälle, die wir organisierten und begeistert feierten. Die meisten Klassenkameraden luden ihre Tanzstundendamen ein, auch ich. Viele mussten sie danach – und das war ja damals wichtig!! – weit nach Hause bringen. Wieviel dabei „passierte", wurde mit Lächeln angedeutet, mehr auch nicht. Vielleicht war ich auch nicht der Vertraute eines „aktiven" Kameraden. Jedenfalls waren es schöne Abende gewesen, auch jene Hausbälle, zu denen dieser und jener, auch ich etwa zwei-, dreimal in die Häuser betuchter Bewohner von Oberloschwitz und dem Weißen Hirsch – den vornehmsten Stadtteilen Dresdens - eingeladen worden war. Mit meiner Monica hatte ich es nicht weit: Sie wohnte gleich gegenüber in der Eisenacher Str., in der auch unser Internat war. Ich konnte also zu ihr kurz

Mal am Nachmittag gehen und lernte dort eine sehr feine, typisch Dresdner Familie kennen, in der man sich aber auch wohlfühlen konnte. Der Kontakt ist bis heute erhalten geblieben, so dass ein Besuch in Dresden noch heute einen „Monica-Termin" einschließt.

Die Entscheidung

Das Jahr 1958

Das Abiturjahr 1958 brachte wie damals wohl jedes Jahr in der Politik interessante Entwicklungen. Manche werden noch lange wirken, z.B. die Europäische Wirtschaftsgemeinschaft, die seit Januar galt, die Berlin-Krise, die Chruschtschow mit seinem Ultimatum im November eröffnete. Davor hatte es ja schon Gerüchte gegeben, die ich bereits erwähnt habe: West-Berlin könnte womöglich mal abgesperrt werden. Doch keiner konnte sich vorstellen, wie das in der Praxis geschehen sollte. Doch daneben gab es viel Unruhe in der Weltpolitik: in Jordanien, zwischen den beiden chinesischen Staaten, in Algerien, in Frankreich, wo de Gaulle seine 5. Republik begründete mit einer neuen Verfassung, nachdem Algerien verloren war. Das reicht zuerst einmal für die weltpolitischen Probleme. Für den „kleinen Mann" war die Abschaffung der Lebensmittelkarten in der DDR wichtiger, zeigte sich doch ein Fortschritt auf dem Wege der Annäherung der Lebensbedingungen an die Bundesrepublik. Würde es also im Osten jetzt deutlich besser werden? Und auch die Annäherung zwischen der Bundesrepublik und Frankreich führte auf Dauer zu besseren Lebensbedingungen nicht nur an der Grenze zwischen den Ländern.
Für mich war der Sommer besonders ereignisreich. Die Eltern hatten mir zum

148

bestandenen Abitur eine Flugreise nach Berlin geschenkt – damals eine teure Sache! Doch zunächst gab es nach der letzten Chorreise ruhige Wochen, in denen ich mich gut erholte. Eine gewisse Unruhe lag dennoch in der Luft, weil ich von der Universität Leipzig einen Bescheid erwartete, ob ich dort im Herbst mit Germanistik und Geographie anfangen könnte. Im Hinterkopf hatte ich mir zurecht gelegt, dass ich im Ablehnungsfall wohl nach West-Berlin gehen würde. Allerdings vermittelte ich niemandem diesen Gedankengang, aus Gründen, die ich oben schon angedeutet habe. Am weitesten war ich bei einem Freund und Klassenkameraden gegangen, der mich besuchte und mit dem ich im Freien sprach. Er deutete mir gegenüber, anders als weitere Klassenkameraden, die sich mit demselben Gedanken trugen, sehr deutlich an, dass er „abhauen" werde, während ich ihm nur sagte, ich vielleicht auch, doch ich wüsste einfach nicht, ob ich mir das zutrauen würde.

Mein 18. Geburtstag verging, ohne dass ich einen Bescheid erhalten hatte. Es war wieder ein Familiengeburtstag in kleinem Rahmen, denn es war Ferien- und Urlaubszeit. Auch meine beiden Dresdner Brüder waren nicht da. Für den 20. August, zwei Tage danach, hatte ich den Flugschein nach Berlin. Ich wollte von Berlin aus nach Potsdam zu einer Freundin fahren und es mir in dem schönen Seengebiet und im Park Sanssouci gut gehen lassen. Ich nahm freilich auch mein Zeugnis und die Ablehnungsschreiben mit und wollte versuchen, vielleicht mich noch in der Filmhochschule

Babelsberg vorzustellen. Zwar rechnete ich nicht mit einer konkreten Möglichkeit, dachte aber, vielleicht würde man mir dort eine Ausbildung für das nächste Jahr anbieten und ich könnte mir eine angenehme Stelle zur Überbrückung suchen. Konkret gedacht war an eine Vorliebe, die ich von einem meiner Brüder „geerbt" hatte: Straßenbahnschaffner – entweder in Berlin oder in Dresden.

Bild 20: West-Berlin 1958: provisorische Geschäftsbauten am Bahnhof Zoo in der Joachimsthaler Str.

150

Die Fahrt nach Potsdam führte durch die Westsektoren, denn eine S-Bahn um den Westteil der Stadt herum, gab es, wie später dann, noch nicht. Im Bahnhof Friedrichstr. hieß es: „Letzter Bahnhof im demokratischen Sektor." – gemeint war der sowjetische, der sich „demokratisch" nannte (woraus nur hervorging, was für eine absurde Vorstellung von Demokratie die Kommunisten hatten – und wohl auch heute noch haben). Und im Bahnhof Wannsee hieß es: „Letzter Bahnhof im Westsektor.", weil danach die DDR begann. Kontrollen gab es wenige, die Volkspolizei ging diesmal nur durch die Waggons und promenierte auf dem Bahnsteig. Die Tage waren schön, das Wetter spielte mit.

Da kam unerwartet ein Anruf von der Schwester meiner Schwägerin aus Berlin: Bärbel wohnte zwar im Ostsektor, studierte aber bereits an der Freien Universität in West-Berlin. Sie war also eine Person, der man Vertrauen entgegen bringen konnte, denn die DDR sah einen derartigen täglichen „Frontwechsel" selbstverständlich nicht gerne, musste ihn aber damals noch auf Grund des besonderen Status der Berliner Bevölkerung dulden. Bärbel sagte, ich solle nach Berlin kommen, in der Gaststätte im Bahnhof Friedrichstr. würde sie mir einen wichtigen Brief meiner Eltern geben. Ich war erstaunt, wollte aber nicht Genaueres erfragen, weil man wusste, dass Telefone abgehört wurden – besonders ein Telefon, das einem kleinen Privatbetrieb wie dem der Eltern meiner

Freundin gehörte.

Ich traf also Bärbel und bekam jenen Brief, der zur deutlichen Klärung meiner Situation beitragen sollte: Mein ältester Bruder, unterdessen Prodekan für Studienangelegenheiten an der Greifswalder Universität, hatte in Dresden zu tun gehabt und wollte mit den Eltern und mir über meinen Werdegang sprechen. Die Hauptsache war: Ich sei offensichtlich noch nicht „gefestigt" genug, sollte also mindestens ein Jahr irgendwo, möglichst weit von Eltern und Chor entfernt, arbeiten, dann könnte ich mit einem Studienplatz rechnen. Er hatte sogar die amtlichen Unterlagen dabei, die meine Mutter mitten in der Nacht, als ihr Sohn schlief, einsah und abschrieb. Es handelte sich vor allem um die geheime Beurteilung, die die Schule abgegeben hatte. Dort wurde mein Schwanken zwischen christlichen Einflüssen meiner Mutter und ideologisch erwünschten Einflüssen der drei SED-Brüder hervorgehoben, so dass ich nicht zum Direktstudium empfohlen werden könnte (siehe oben). Mein Vater, der den langen Brief in der Nacht schrieb, ahnte ganz genau, dass dies für mich bedeutete, ich würde wohl daraufhin nach West-Berlin gehen, weil nicht einmal eine schriftliche Zusicherung für den verspäteten Beginn des Studiums dabei war und mein Bruder diese auch nicht geben konnte. Im Brief stand auch, er hoffe, mir könnte im Westen geholfen werden – von ehem. Kruzianern wie auch von den Verwandten.

Aus dem Brief der Eltern, 24. 8. 1958, 2 Uhr früh

...Hat es Sinn und Zweck, dass du noch ein langes Palaver mit deinem Bruder hast? Du weißt ja seine Meinung und kennst seine Einstellung... Mutti und ich würden dir so gerne raten, wagen es aber kaum, wissen wir doch, dass du innerlich vielleicht gar nicht in der Lage bist, dich soweit umzustellen, wie man es von dir verlangen würde. Wir wissen aber auch, dass du, wenn du die Musikschule (M. stand für den Westen) machst, doch ja nicht allein bist und von vielen Seiten Hilfe und Unterstützung haben wirst. Es ist uns beiden natürlich furchtbar schwer zu wissen, dass wir dich wahrscheinlich lange Zeit nicht sehen werden ... Sicher wird dein Musikschritt für (deinen ältesten Bruder) keine günstigen Folgen haben, ob für (die beiden anderen Brüder) auch, kann man leider nicht absehen. Aber das kann und soll meiner Überzeugung nach dich nicht abhalten.

Nun wird Mutti noch ein paar Worte schreiben. In Liebe, dein Vati

Mein lieber Junge! Wir sind ziemlich aufgeregt,
es ist ½ 3 nachts, schlafen können wir nicht.
Wir wollen dein Bestes und können doch
keinen Rat geben. Schwer, sehr schwer wirst
du es so oder so in der nächsten Zeit haben ...
Deine Mutti
(Darunter:) Vernichte diesen Brief sofort.
(Am Rande:) G. könnte dich in Greifswald nur in
anderen Kombinationen unterbringen: Mathem.
– Chemie ... Deine Fächer sind unmöglich und
auch überall überfüllt;
Auch daher hat man dich abgelehnt.

Mein Vater hatte recht: Für mich war diese
Nachricht entscheidend, auch wenn keine
amtliche Ablehnung aus Leipzig vorlag. Ich
fühlte mich erneut von diesem Staat vor den
Kopf gestoßen. Mich will man nicht – das fuhr
mir durch den Kopf. Und wenn es ums Arbeiten
geht, dann lieber in einem westdeutschen
Betrieb, den ich mir aussuche, als in einem
VEB oder einer LPG im Osten! Einen
Studienplatz im Westen würde ich sicher
bekommen, dort gelten keine ideologischen
Vorschriften! Die von meinem Vater
angesprochene Hilfestellung konnte ich
realistisch einschätzen: Ich glaubte nicht daran.
Ich kannte ja die Bedingungen, unter denen die
Münchner Verwandten lebten: einmal einen Hl.
Abend bei ihnen ja – doch viel mehr geht da
nicht, ahnte ich.
Bärbel, die ihre Schwester in Dresden besucht
hatte, fuhr wieder zurück und informierte die
Eltern von meinem Entschluss. Das musste
damals persönlich geschehen, denn ein Telefon

hatten wir nicht. Und das war wichtig, weil meinem Bruder in Dresden vorgemacht werden sollte, ich hätte unabhängig von dem, was in Dresden gesprochen worden war, meinen Entschluss gefasst.

Ich fuhr also nach Potsdam zurück, holte mein Köfferchen mit dem Zeugnis und dann nach West-Berlin. Dabei musste ich ja erneut die Grenze DDR - West-Berlin überschreiten. An diesem Tage kontrollierte man in Griebnitzsee, dem letzten DDR-Bahnhof vor Wannsee, ausgerechnet viel, etwa jeden zweiten. Meine Fahrkarte war freilich nicht auf ein Ziel in West-Berlin beschränkt, sondern galt bis zum Ostbahnhof in Ost-Berlin, so dass ich bei der Kontrolle hätte sagen können, ich fahre wieder nach Hause; trotzdem wäre ich sicher verdächtigt worden, in West-Berlin auszusteigen und damit Republikflucht zu begehen. Gott sei Dank war ich der Erste und nicht der Zweite! Ich konnte die Kontrolle also unbehelligt passieren.

Damit war ich nun einer von etwa 3 Mio. Menschen, davon auffällig viele Jugendliche, die die Ostzone und spätere DDR zwischen 1945 und 1961 verließen und in eine Zukunft gingen, von der sie nur wussten, sie würde jene Freizügigkeit bringen, die die Kommunisten verweigerten. Wo man landen würde, das wussten nur die wenigsten – auch ich nicht. Ich war also auch zu einem jener Flüchtlinge geworden, die Michael Naumann am 12. 11. 2009 die „vergessenen Flüchtlinge" nannte, weil nach 1990 die Menschen nur noch an diejenigen denken, die vor und während der

„Wende" 1989/90 flüchteten (Naumann, Michael: Die vergessenen Flüchtlinge. DIE ZEIT, 12. 11.2009)

Es war später Nachmittag und die Aussicht, jene Dame auf der Masurenallee, von der schon die Rede war, zu sprechen, war gleich Null. Daher blieb nur die Möglichkeit, mir bei der Zentrale der Berliner Jugendherbergen einen Ausweis zu besorgen, damit ich mit Ostgeld einen Platz bekommen und nicht auf der Straße stehen müsste. Also ab zur Podbielsky-Allee zu jener Zentrale. Dort erfuhr ich, dass ich nur noch in der Tegeler Jugendherberge einen Platz finde. Also durch die ganze Stadt in den Norden Berlins. Ja, und dann war ich erstmal k.o. Dennoch kam ich nicht zur Ruhe, denn in meinem Zimmer gab es auch andere „Kollegen", die soeben abgehauen waren. Dazuhin fragte ein Ausländer uns aus, weil ihm die Situation in Deutschland und damit unsere Absicht, in den Westen zu gehen, nicht klar war.

Am folgenden Tag eröffnete mir die Dame in der Masurenallee, es seien in den Abiturientenheimen keine Plätze frei, ich müsste noch warten. In Tegel konnte ich auch nicht bleiben, musste in eine andere Herberge. Und schließlich die Überraschung: Meine Eltern standen mit einem weiteren Köfferchen mit Wäsche usw. in der Eingangshalle. Sie hatten richtig angenommen, dass ich wohl mit 4 Unterhosen usw. in der nächsten Zeit nicht auskommen würde, und sich auf den Weg gemacht, um mir ein paar mehr zu bringen.

Kaum waren sie wieder in Dresden zurück, stand ein Auto mit Berliner Kennzeichen vor

156

ihrer Haustür: Ein Staatssekretär Lorenz wünsche ein Gespräch mit ihnen, mit meinem ältesten Bruder und den Dresdner Brüdern wegen meiner Republikflucht! Der Hintergrund: G. sollte nach den Vorstellungen der Staats- bzw. Parteiführung Greifswald verlassen und in Zukunft „eine sehr verantwortliche Funktion" im Volksbildungsministerium ausüben. Wer schon mal etwas von Parteidisziplin in den kommunistischen Parteien gehört hat, der weiß, dass diese Berufung einem Befehl gleichkommt. Doch da störte natürlich, dass der kleine Bruder gerade die Republik verlassen hat. Als ich das Tage später las, habe ich das sofort als typisches Verhalten in einer Diktatur begriffen: Mir fiel das Wort „Sippenhaft" ein – wie sie auch die Nazis praktiziert hatten! Ist einer aus der Familie aufgefallen, werden die anderen Familienmitglieder auch belangt. Sicher ist mein Fall nicht so krass, aber eben typisch für eine Diktatur.

Erneut nahmen meine Eltern ein paar Utensilien für mich und setzten sich in den Wagen, den der Staatssekretär geschickt hatte. In Berlin ergab das Gespräch, dass man einen der Dresdner Brüder, dem als SED-Mitglied und Lehrer das Betreten West-Berlins an sich verboten war, zu mir schicken würde, um mich zu „bearbeiten", damit ich in die DDR zurückkehre.

Ministerium für Volksbildung der Deutschen Demokratischen Republik
Wilhelmstr. 68

Berlin W I, den 2. 9.1958

Der Staatssekretär
Tel. 2207
App-2050Zw.

Werter Herr Wilms, werte Frau Wilms!

Im Auftrag des Herrn Staatssekretärs Lorenz wende ich mich mit einer dringenden Bitte an Sie.

Wie Ihnen bekannt ist, arbeitet Ihr Sohn seit kurzem im Ministerium für Volksbildung. Er übt im Ministerium eine sehr verantwortliche Funktion aus.

Inzwischen haben wir leider erfahren, dass Ihr jüngster Sohn die Republik verlassen hat. Es liegt im Interesse von Eberhard, dass er sobald wie möglich in die Republik zurückkehrt. Herr Staatssekretär Lorenz möchte sich mit Ihnen über diese Angelegenheit am Donnerstag um 20 Uhr unterhalten. Ich lade Sie daher im Auftrag des Herrn Staatssekretär Lorenz für Donnerstag, den 4. 9. 20 Uhr zu dieser Aussprache nach Berlin in das Ministerium für Volksbildung ein.

Hochachtungsvoll

(Liebau)
Persönlicher Referent des Staatssekretärs

Am Roseneck fand das Gespräch statt, denn ich war unterdessen in ein Abiturientenheim in der Rheinbabenallee eingewiesen worden, so dass sich die dortige kleine Parkanlage für ein Gespräch anbot. Ich musste nun meinem Bruder klar machen, dass ich bei meinem Entschluss bleibe, denn in der DDR könne ich nicht leben. Vor lauter Beschränkungen und Belästigungen wegen ideologischer Abweichungen würde man behindert werden. Ich könne auch auf meine Brüder keine Rücksicht nehmen, sie hätten ja auch ihren Weg gemacht und kaum Zeit für mich in den vergangenen Jahren aufgewendet. Ihre Überzeugung sei nicht die meinige. Und dass die Gefahr der Behinderung ihrer Karriere bestehe, täte mir leid, sei aber nicht zu vermeiden. Das sei eben typisch DDR, dass das Verhalten von Verwandten in die Einschätzung einer Persönlichkeit mit einbezogen werde.

Vielleicht war ich damals etwas zu hart, doch ich sah tatsächlich nicht ein, mich „aufzuopfern", sondern wollte meinen Weg gehen und auf ihm nicht von Brüdern, Familie oder gar dem Staat behindert werden. Und das war eben nur im Westen möglich.

Mein Bruder verließ uns, und ich geriet jetzt schon in eine emotional schwierige Lage, denn natürlich wusste ich nicht, ob ich ihn jemals wiedersehen würde. Ich dachte auch an seine Familie, an seine beiden Kinder (1956 und 1957 geboren), an die Tochter des anderen Bruders (1957 geboren), die zumeist bei meinen Eltern lebte. Ob ich wohl ihre Entwicklung verfolgen könnte? Gleich darauf kam der Abschied von den Eltern. Tränen konnte ich dabei noch vermeiden. Doch dann standen wir uns noch einmal am U-Bahnhof Wittenbergpl. auf verschiedenen Bahnsteigen gegenüber: sie auf dem, von dem aus die Züge gen Osten fuhren, und ich auf dem westlichen. Nun konnte ich mich kaum noch halten, hatte Mühe, aufrecht zu stehen. Es war schlimm.

Kaum war diese Aufregung überstanden, gab es schon die nächste. Im Abiturientenheim, einer alten Villa, waren wir zu viert (oder auch mehr?) in einem Raum untergebracht und bekamen einen anonymen Brief zugestellt; der Absender war ein Trümmergrundstück, wie ich festgestellt habe. Es war ein Drohbrief, der uns auf unverschämte Weise beschimpfte und angab, man werde uns schon noch packen. Ich verstand den Brief auch als an mich gerichtet und wagte fortan nicht mehr, alleine auf die Straße zu gehen. Denn durch unsere Allee fuhren immer wieder Ost-Berliner Autos, so dass eine „kleine" Entführung denkbar war, wie sie – wie man heute weiß – öfters vorkam. Gott sei Dank passierte mir bis zum Abflug nichts. Doch ein Mitbewohner aus unserem Zimmer war spurlos verschwunden – ob nun entführt oder auch nur in ein Privatquartier umgezogen, das erfuhren wir nicht, ebenso wenig, ob der folgende Drohbrief damit im Zusammenhang stand.

Anonymer Drohbrief

(Abschrift eines Briefes an einen aus der DDR geflüchteten Abiturienten, der im Abiturienten-Wohnheim Berlin – Dahlem, Rheinbabenallee bis zum Abflug in die Bundesrepublik im gleichen Zimmer wie ich untergebracht war.)

Absender: E. Krause, Berlin SO 36, Köpenicker Str. 7
(Die Nachprüfung ergab, dass sich der anonyme Absender ein Ruinengrundstück ausgesucht hatte.)

Berlin, den 8. 9. 58

(Vorname und Familienname des Abiturienten als Anrede)

Wenn du zunächst dich wundern solltest, so will ich zur Sache kommen. Auch ich schreibe z. Zt. noch als republikflüchtiger Student, habe aber diesen verkehrten Schritt bereut und bin, wenn du diesen Brief erhältst, schon wieder in der DDR. Ich habe nicht lange dazu gebraucht, bis ich den ganzen Schwindel durchschaut habe und, um eine große Erfahrung reicher, meinen begangenen Fehler wieder gutmache.
Doch nun zum eigentlichen Zweck meines Schreibens. Durch Zufall habe ich Kenntnis genommen über deine Angelegenheit. So etwas Dreckiges und Ehrloses bei einem Menschen wie bei dir habe ich selten erlebt. Sage mal, du hast Angst davor, dein praktisches Jahr auf dem Bau abzumachen?

161

Hast du vergessen, von wem dein Studium ermöglicht wird, dass die Bauarbeiter, die Metallarbeiter und die Landarbeiter erst die Werte schaffen, damit solche Kreaturen wie du erst einmal ihre Existenz und ihr Fressen haben?

Genau so brauchst du dich gar nicht zu rühmen, dass du nicht in der Nationalen Volksarmee dienen wolltest. Geh nur zur NATO-Armee! Vielleicht ist es dann hoffentlich dein Ende, irgendwo als Söldner gegen Völker, welche um ihre nationale Befreiung kämpfen, zu verkommen! Sollte dies nicht der Fall sein, so vergiss bitte nicht, dass wir uns eines Tages wiedersehen werden, denn der Ami nimmt euch nicht mit. Und dann wirst du und deine Komplizen einige peinliche Fragen beantworten müssen – und, was noch viel wichtiger ist – arbeiten lernen. Darauf kannst du dich verlassen!

Ich habe weiter keine Absicht, um dich aufzufordern, in die DDR zurückzukehren. Du kannst mir glauben, zu solch einer Eroberung, wie sie der Westen mit dir gemacht hat, gratuliert die gesamte anständige Bevölkerung der DDR und freut sich auf ein Wiedersehen mit euch Brüdern, wenn wir dort sind und die Galgenfrist abgelaufen ist.

Ich werde bemüht sein, deinen Verwandten und deinem Bekanntenkreis die Augen über solch ein Früchtchen zu öffnen, so dass die Brücken dann endgültig abgebrochen sind.
Einer, der dich kennt.

Unterschrift (handschriftlich, unleserlich)

Doch vor dem Abflug fanden noch Gespräche statt, die von den Besatzungsmächten verlangt wurden. Es ging um Fluchtgründe und Befragung nach militärischen Kenntnissen über die DDR. Mir kam das ziemlich „spanisch" vor, konnte ich ja nur vermelden, wo Kasernen der Roten Armee waren, was schon längst bekannt war. Deutschland war eben noch ein besetztes Land, und es stand zwischen Ost und West – das war mir klar.

Mit vielen Kino- und Theaterbesuchen verbrachte man die Zeit bis zum Abflug nach Westdeutschland. Dabei konnte man ja hier noch in Ostmark bezahlen – Geld, das später nicht mehr verwendet werden konnte, weil solche Möglichkeiten nur in den Westsektoren bestanden, nicht aber in der Bundesrepublik selbst.

Am 11.11. war es dann soweit: Von Tempelhof ging es nach Hannover. Dort fuhren wir Jugendlichen per Bus in die Aufnahmelager Sandbostel (für Jungen) und Westertimke (für Mädchen).

Im Westen

Ein seltsamer Empfang wurde uns Jungen in diesem Lager, einem ehem. Kriegsgefangenenlager der Nazis, zuletzt 1945 auch als KZ verwendet, bereitet: Als kämen wir aus einem sibirischen Lager mit entsprechender Hygiene wurden wir erstmal in eine Dusche geschickt, die mich fatal an eine derartige Einrichtung in Auschwitz erinnerte, und anschließend von etwa 3 Ärzten untersucht – u.a. mit Vergrößerungsgläsern zur genauestens Betrachtung aller Körperhaare! Anschließend wurden „Stuben" im Lager zugewiesen und wir auf die Diebstahlgefahr hingewiesen. Man erfuhr auch davon, dass es regelrechte Wanderer zwischen Ost und West gab, die die jeweilige kleine Unterstützung für Flüchtlinge mehrfach in Anspruch nahmen: Kaum waren sie im Westen durch die Behörden registriert und mit ein paar Mark Unterstützung versorgt worden, gingen sie zurück in die DDR, um bald darauf wiederzukehren. Also waren das höchst fragwürdige Existenzen. Und mit ihnen wollte ich möglichst nichts zu tun haben. Ich überlegte: Das muss ich ja nicht lange aushalten, könnte ja per Anhalter zu meinen Hamburger Verwandten fahren. Doch die Schwierigkeit wäre dann gewesen, den Notaufnahmeschein zu erhalten und damit die offizielle Anerkennung als SBZ-Flüchtling, von der viel für die Finanzierung von Schule und Studium nach der Lagerzeit abhing. Außerdem waren mir die Münchner Verwandten vertrauter; ich wollte also in den Süden. Daher blieb ich.

In der Lagerkirche und im Gemeindebüro entdeckte ich, dass man sich dort aufhalten und auch Musik hören durfte. Außerdem war ich nicht alleine: Zwei Klassenkameraden aus Dresden hatte ich schon in den anderen Abiturientenheimen in Berlin entdeckt, und einer davon war auch hier in Sandbostel. Ich weiß nicht, wer die Idee hatte, vielleicht der Vikar, der die Lagerinsassen betreuen sollte: Wir könnten doch ein kleines Konzert in der Lagerkirche vorbereiten und dieses auch in Westertimke wiederholen. Ein ehem. Thomaner war auch da, und schließlich traf ich auf einen guten Geiger, der Schüler in Dresden gewesen war. So probten wir, während andere zu irgendwelchen Arbeiten eingeteilt wurden, und gaben zwei Konzerte, die sogar in der örtlichen Zeitung besprochen wurden. Der Zeitung vermittelten wir, dass sie die Nennung von Namen unterlassen sollten, denn wir meinten, es könnte dann den Daheimgebliebenen schaden. Dass man vorsichtig sein musste, war uns selbstverständlich, vermuteten wir im Lager auch Spitzel, die für die DDR arbeiten. Dass es diese tatsächlich gab, kann man heute den Stasi-Unterlagen entnehmen.

Geistliche Musik im Jugendlager Sandbostel

Junge, aus der SBZ vertriebene Studenten spielten für die Lagergemeinschaft

Sandbostel. Zu einer seltenen Feierstunde versammelten sich gestern die Lagergemeinde des Jugendlagers Sandbostel in ihrer schönen Kirche. Junge Menschen, die ihre Heimat verlassen mussten, fanden sich hier in den Tagen der kurzen Rast auf ihrem Wege zusammen, um ihren Kameraden und den Freunden des Lagers durch die Musik zu künden von dem festen Grund, der in aller Angst und allem Dunkel des unsicheren Weges unwandelbar bleibt. Wie eine Bruderschaft wirkten diese jungen Menschen, die sich hier zusammengetan hatten, um in der Anbetung Gottes durch die Musik sich und den Hörern das Herz zuversichtlich und froh zu machen.

Vollendet gespielt von einem jungen Studenten leitete das große Präludium und Fuge E-moll von J. S. Bach die Stunde ein. Es folgten dann die beiden geistlichen Konzerte von Heinrich Schütz „Eins bitte ich vom Herrn" ... Trotz der kurzen Vorbereitungszeit, die die jungen Sänger zur Verfügung hatten, war es ein feines, sehr musikalisches Singen, das sich hier in den Dienst der Verkündigung stellte ...

(Bremervörder Zeitung, 17. 9. 1958)

166

Der Zweck des Aufenthaltes in diesen Lagern in der Nähe des Teufelsmoores bei Bremervörde war freilich ein anderer: Jeder Jugendliche hatte einen „Laufzettel" erhalten mit Stationen, die bis zur Abreise zu durchlaufen waren. Erneut war eine Befragung durch die Besatzungsmächte dabei, worüber ich mich nun erneut wunderte, meinte ich doch, die Bundesrepublik sei nicht wie West-Berlin besetztes Land, sollte seit 1955 souverän sein! Offenkundig war die Souveränität noch nicht so weit gediehen! Doch die Hauptsache war eine Kommission, die den Notaufnahmeschein nach ausführlicher Befragung und Vorlage von Unterlagen erteilte. In meinem Fall war diese Prozedur eine Formalie, weil ein geradezu üblicher Grund für die „Flucht" von Abiturienten die Werbung von Schulen oder – wie bei mir – von Weiterbildungseinrichtungen für die NVA war. Auf meinem Schein konnte man dann lesen, meine Gründe für das Verlassen der DDR seien glaubhaft; ich wurde nach Bayern vermittelt.

Notaufnahmeschein

Der Leiter des Notaufnahmeverfahrens in Uelzen
Jugendlager Sandbostel

Sandbostel, den 18. September 1958

...Als Land, in dem der Aufgenommene seinen ersten Wohnsitz zu nehmen hat, wird Bayern - 23. Sep. 1958 bestimmt. - Der umseitig Genannte hat die Aufenthaltserlaubnis auf Grund eines Rechtsanspruches gemäß § 1 Abs. 2 des Notaufnahmegesetzes (besondere Zwangslage) erhalten. - Der Antragsteller ist 18 Jahre alt. Er hat am 9. 9. 1958 bei der Notaufnahme-Dienststelle in Berlin Antrag auf Erteilung der Aufenthaltserlaubnis für das Bundesgebiet gestellt. - Zur Begründung seines Antrages trägt er dem Aufnahmeausschuss vor: Er habe an der Internatsschule in Dresden im Juni 1958 das Abitur mit „gut" bestanden. Seine Bemühungen, zum Studium zugelassen zu werden, seien jedoch vergeblich gewesen. Man habe ihm angeraten, vorerst zwei Jahre in der Nationalen Volksarmee (NVA) zu dienen ... Er stehe dem sowjetzonalen Regime ablehnend gegenüber und sei nicht bereit gewesen, für die Kommunisten Soldat zu spielen ... - Diese Angaben erschienen glaubhaft und entsprechen den diesbezüglichen Erfahrungen des Aufnahmeausschusses ... Die Lage, in die er geraten ist, hat er nicht zu vertreten. Diese ist vielmehr durch die dortigen politischen Verhältnisse bedingt ...

Vertriebenenausweis

Bundesrepublik Deutschland - Ausweis für
Vertriebene und Flüchtlinge
A
Nummer des Ausweises
941 1/10562
Name: Wilms
Vornamen : Eberhard Detlef
Geburtstag: 18.8.1940
Geburtsort: Königsberg/Pr.
Ständiger Aufenthalt im Bundesgebiet (Berlin-
West) seit August 1958
Wohnort und Wohnung: Bamberg, Hainstr. 59
Unterschrift
Bamberg, 10.10.1958

Stempel: Stadt Bamberg –

Flüchtlingsamt

(Unterschrift)
Nr. des Personalausweises By IV 889148 a
Behördliche Eintragungen: Inhaber ist auch

Sowjetzonenflüchtling
gem. § 3
BVFG
Bamberg, den 10.10.1958

(Unterschrift)
Stempel: Stadt Bamberg
Flüchtlingsamt

Übernahmebescheid

Registrierstelle
Stuttgart-Stammheim, den 7.1.59
für die staatl. Durchgangslager
Fernruf 80641
Baden-Württembergs

Az.: BW-Z/Wilms,Eberhard/5

Nachstehend aufgeführte, dem Land Bayern im Notaufnahmeverfahren zugewiesene Person wird auf Grund der Vereinbarungen der Landesflüchtlingsverwaltungen vom Lande Baden-Württemberg übernommen:
Wilms   Eberhard   geb. am 18. 8. 1940
a) Notaufnahmeschein: Uelzen - Sandbostel vom 18.9.58 Az. 545 981 „AJ"
b) Letzter Aufenthalt im Abgabeland: Bayer. Durchgangsheim f. männl. Jugendl. Waldkraiburg
c) Die schriftliche Überstellung erfolgt zwecks Registrierung in das Reg.Bez. Durchgangslager: Balingen
Ziel der Einweisung: Tübingen Kreis Tübingen Regierungsbezirk: Südwürttemberg-Hohenzollern

(Unterschrift)
Stempel: Registrierstelle
für
die Staatl. Durchgangslager Baden-Württembergs

Erst viel später konnte ich diese Prozedur richtig einordnen: Man wollte die „echten" von den „unechten" Flüchtlingen trennen, insbesondere kriminelle Jugendliche finden, und fürchtete die Einschleusung von Spionen aus der DDR wie aus dem östlichen Ausland. In einem Jahresbericht von 1956 wurden auch die Gründe zusammengefasst, derentwegen die Jugendlichen die DDR verlassen hatten (siehe unten): Werbung für militärische Organe, „Überdruss" durch die Politisierung aller Lebensbereiche, „diffuses Gefühl der Unzufriedenheit, das Ausweichen vor einem Konflikt, die Vorstellung, in der DDR nicht mehr leben zu können". Ich denke, dass dies auch für unseren Jahrgang zutraf. Rein wirtschaftliche Überlegungen spielten also bei den Jugendlichen – entgegen der sonst geäußerten Meinung - keine oder nur eine untergeordnete Rolle. Kritisch wurde ab und zu geäußert, dass die Prozedur in den Lagern ein übles Tor zur Freiheit gewesen sei, das an Verhöre durch Behörden der DDR erinnerte, so dass manche Betroffene meinten, keinen Unterschied zwischen Ost und West zu sehen. Doch ich kann dies so nicht sagen, weil ich vielleicht an die professionelleren Leute bei den Gesprächen, die ich nicht als „Verhöre" in Erinnerung habe, geraten war.

Bild 21: Sandbostel: Bundesflüchtlingslager für männliche Jugendliche, Baracken 1958

Das Flüchtlingslager für Jugendliche aus der DDR in Sandbostel (bei Bremervörde)

Sandbostel war in den 1950er-Jahren ein Ort, an dem man die Folgen der großen Weltpolitik im Kleinen studieren konnte ...
Von 1949 bis 1961 flüchteten rund 3,3 Mio. Menschen aus der DDR; davon waren rund die Hälfte Jugendliche (im Alter von) 18 (bis) 25 Jahren... Darin sah man auf Seiten der Bundesrepublik offiziell eine beachtliche politische Aussage: gerade jene, auf die sich die Wucht der Propaganda geworfen habe, seien besonders abgestoßen worden, während die Älteren dem Druck weniger ausgesetzt gewesen seien. Jugendlichkeit spielte eine Rolle in dem Verfahren, das seit 1950 aus dem

Strom der Flüchtlinge und Zuwanderer aus der DDR den „echten", also politischen Flüchtling herausfiltern sollte: das Notaufnahmeverfahren, eine Art innerstaatliches Asylrecht (Gesetz vom 22. 8. 1950) ... Von 1950 bis 1961 stellten etwas mehr als 2,6 Mio. Deutsche einen Antrag auf Notaufnahme, etwa 2,2 Mio. wurden aufgenommen; 14 % abgelehnt... Seit 1953 war Jugendlichkeit ein Aufnahmegrund bei männlichen und weiblichen Jugendlichen bis zum 21. Lebensjahr... Im April 1952 (wurden) besondere Jugendlager errichtet, um alleinstehende Zuwanderer bis zu 24 Jahren getrennt unterzubringen: Sandbostel (auf dem Gelände eines ehem. Kriegsgefangenenlagers und KZ-Auffanglagers bis 1945) und Westertimke bei Bremen (usw.) ... Es ging (beim Notaufnahmeverfahren) nicht nur um Aufnahme und Verteilung, sondern fester und aus politischen Gründen unaufgebbarer Bestandteil dieses Verfahrens war die Frage nach dem Fluchtmotiv. Diese Frage wurde gleich zweimal gestellt, von den alliierten Sichtungsstellen und vom deutschen Aufnahmeausschuss. Hier wurden die echten von den unechten Flüchtlingen geschieden... Wer sich weigerte, vor den alliierten Stellen auszusagen, musste mit Unannehmlichkeiten ... rechnen. Kehrten die abgewiesenen Antragsteller jedoch möglicherweise in die DDR zurück, dann mussten sie damit rechnen, wegen ihrer Kontakte mit alliierten Dienststellen der Spionage verdächtigt zu werden. Der Staatssicherheitsdienst hatte seine Agenten auch in den Aufnahmelagern im Westen ... Die deutschen Behörden versuchten, die viel kritisierte Befragung der Flüchtlinge durch alliierte Dienststellen auf ein möglichst geringes Maß zu beschränken oder ganz zu beseitigen, was ihr allerdings nie gelang. – Kritik rief allerdings auch die Tätigkeit der deutschen Dienststellen hervor ... Die Klagen über den Umgangston, die Art der Verhandlungsführung und über menschliches Unverständnis verstummten nicht ... Man fürchtete kommunistische Infiltration und wollte Kriminelle oder Agenten entlarven ... Fatale Konsequenz: Verunsicherte Antragsteller glaubten, ihr wahrer Fluchtgrund reiche womöglich zur Anerkennung nicht aus, und daher stellten sie ihren Fall übersteigert dar oder erfanden neue Fluchtgründe ... Das bürokratische Notaufnahmeverfahren baute eher Misstrauen als Vertrauen auf. Es wird also kräftig gelogen ... Besonders bei den Jugendlichen, die meinten, mit ihrem Übertritt in die Bundesrepublik ein Leben in Freiheit beginnen zu können, übt die Nachforschung eine oft schockartige Wirkung aus, warnt das Hilfswerk der Evangelischen Kirche in Deutschland in einem Memorandum aus dem Jahre 1956 ...

(Beispiel Jahresbericht 1956 für Sandbostel und Westertimke:) Vom Ungarn-Aufstand als möglicherweise fluchtauslösendem Ereignis ist ... keine Rede, vielmehr sind die eigentlichen Fluchtgründe: die Werbung für die Kasernierte Volkspolizei, die NVA, die SED und die politischen Massenorganisationen ebenso wie den Überdruss als Folge der Politisierung sogar der privatesten Bereiche der Menschen ...

174

(Die Masse der Jugendlichen trieben) nicht primär politische Maßnahmen ... zur Flucht, sondern ein diffuses Gefühl der Unzufriedenheit, das Ausweichen vor einem Konflikt, die Vorstellung, in der DDR nicht mehr leben zu können, und die Meinung, der Westen sei das Land der Freiheit. Die im Notaufnahmeverfahren angegebenen politischen Fluchtmotive der Jugendlichen waren meist sehr persönlich gefärbt und Ausdruck der verschiedensten persönlichen Enttäuschungen und Unzufriedenheiten im Lebensalltag ...

(Volker Ackermann, Vortrag in Bremervörde, 4.10.1998, Landeszentrale für politische Bildung, Hannover)

Mit dem Notaufnahmeschein in der Hand ging es nun nach etwa 10 Tagen wieder zurück nach Hannover. Dort setzte man mich mit wenigen anderen in den Zug nach Bayern ins Jugenddurchgangslager Waldkraiburg (bei Mühldorf/Inn), das eher einer Jugendherberge glich. Nach nur wenigen Tagen wurde entschieden, dass ich nicht nach München könne, weil dort kein Platz sei – verwandtschaftliche Verbindungen hin oder her -, sondern ich nach Bamberg müsse.

Dort sollte ich in einem evangelischen Internat warten, bis man in einer Schule am Unterricht teilnehmen kann, um die Zusatzprüfung zu machen, denn das DDR-Abitur wurde damals im Westen nicht anerkannt. Freilich hat mich das strenge Reglement dort so abgeschreckt, dass ich gleich an eine weitere Flucht dachte. Ich hatte Verbindung zu zwei Klassenkameraden, die in Tübingen Geschwister hatten, so dass sie dort die notwendige Zusatzprüfung, um unser Abitur anerkannt zu bekommen, ablegen wollten. Ich arbeitete zuerst mal zwei Wochen in einer Fabrik in Bamberg, so dass ich ein wenig Geld hatte, verließ mit meinem Koffer dieses Internat und trampte nach Tübingen, wo mich der Bruder des Freundes für eine Nacht aufnahm. Am nächsten Tag konnte ich mich zu diesem Kurs anmelden. Das gelang; allerdings war der Notaufnahmeschein umzuschreiben: Bayern sollte durch Baden-Württemberg ersetzt werden, denn sonst würde die Finanzierung nicht klappen.

Den Antrag gab ich gleich in Stuttgart – Stammheim ab, wo die zuständige Stelle saß, und trampte zu den Münchner Verwandten, in deren Werkstatt ich mich die nächsten 10 Tage nützlich machen konnte, bis der Tübinger Kurs begann.

Er fand in der Hauptstelle des Jugendsozialwerkes statt, Deutsch, Biologie, Mathematik, Latein und Geschichte waren die Unterrichtsfächer, die zum Abschluss nach einem halben Jahr geprüft wurden, um den Anerkennungsschein zum DDR-Abitur zu erwerben. Untergebracht waren wir im Schlösschen „Einsiedel", zu dem uns täglich ein Bus brachte - weit entfernt von der Stadt in einem winzigen Zimmer mit 3 Doppelstockbetten und 6 Spinden. Hier wohnten wir Dresdner alle zusammen – und ich denke, wir hielten auch gut zusammen und überstanden die 6 Monate trotz aller Widrigkeiten. Die bestanden vor allem darin, dass unser Geiger, den ich schon in Sandbostel kennengelernt hatte und der mir nach Bamberg und jetzt nach Tübingen gefolgt war, im benachbarten Speiseraum so oft übte, dass er uns auf die Nerven ging. Und außerdem war es bis zum nächsten bewohnten Gebäude sehr weit; sprich: Wir fühlten uns über die Wintermonate eingesperrt, weil die nächste Bushaltestelle viele Kilometer entfernt war. An Taschengeld gab es 6 DM die Woche. Bei allem, was wir erlebt hatten, war dann die Information, Chruschtschow wolle Berlin „dicht" machen (Berlin-Ultimatum vom Nov. 1958), nur noch eine Bestätigung dafür, dass wir den richtigen Weg beschritten hatten; wer weiß, ob nicht bald eine Flucht unmöglich werden würde! Ich denke, wir haben die Situation auf dem Einsiedel gut genutzt und unsere Arbeiten für die Schule bewältigt. Sie war in manchen Fächern etwas seltsam: In Mathematik war man im Westen nach unserer Meinung hinterher, denn man verlangte von uns einen Stoff, den wir in der DDR in der 10. Klasse gehabt hatten. In Deutsch war es interessant, weil wir z.B. den „Faust" jetzt in westlicher Fassung kennen lernten. Nicht mehr das sozialistische Ideal stand am Ende des Goethe-Werkes (so, als wäre Goethe nur deshalb weltberühmt geworden, wie ihn sozialistische Interpreten verstanden). Geschichte freilich fand ich hochinteressant, hatte wir doch im Osten nur die „Geschichte der Arbeiterklasse" und der (kommunistischen) Partei besprochen, während jetzt deutsche und europäische Ereignisgeschichte neutraler Art im Vordergrund stand. Freilich war der Lehrer, ein ehem. Wehrmachtsoffizier, eher rechts gerichtet – also das Gegenteil von dem, was wir bisher gewöhnt waren. Damit wuchs von Stunde zu Stunde meine Motivation, dieses Fach auch zu studieren.

Ich war nach dem halben Jahr froh, den einsamen Einsiedel verlassen zu dürfen, auch wenn es im Frühjahr sehr schön auf der großen landwirtschaftlich genutzten Lichtung mitten im Wald, dem Schönbuch, war. In der ersten warmen Sonne zu liegen und für die Prüfung zu lernen, war geradezu ein Genuss. Freilich durfte ich nicht zu viel an zu Hause denken: Aus Briefen erfuhr ich, dass sich manche Mütter von uns nach den Kreuzchorvespern trafen und die Informationen von ihren Kindern aus dem Westen austauschten.

Tübingen, Frühjahr 1959 (Fiktion)

-Wofür wirst du dich denn nun einschreiben?

- Ich weiß doch schon lange, dass ich Lehrer werden will. Ein wenig Theaterwissenschaften will ich noch verfolgen, mal seh'n.

- Na, das habe ich mir doch gedacht. Ich will mal seh'n, ob ich in Trossingen Musik studieren kann.

- Wo ist denn das?

- Südlich von Tübingen; man kann gut hintrampen.

- Das muss doch ein ganz kleiner Laden sein.

- Stimmt, ist es auch. Doch dort ist eine berühmte Fabrik, die seit Jahrzehnten Mundharmonikas macht und die Hochschule fördert.

- (zum Dritten:) Und was willst du machen?

- Ich studiere Chemie, habe mich ja schon lange damit befasst.

- Ich hatte gedacht, du würdest auch Musik machen, schließlich warst du Chorpräfekt und kannst ganz toll Klavier spielen.

- Du hast recht, das macht mir Spaß – doch als Beruf ist mir das zu wacklig.

- Das kann ich verstehen. Das ist auch der Grund, warum ich das Theater nicht so in den Vordergrund stellen werde, sondern lieber auf Nummer Sicher gehe mit Geschichte und Germanistik in Richtung Lehrer.

- Dass du das machen willst, habe ich mir fast gedacht.

- Und wie sieht es bei euch mit dem Singen aus?

- Na, da ist ja in Tübingen jetzt nicht viel los.

- Das habe ich auch gemerkt. Daher will ich sehen, dass ich nach einem Jahr nach München komme. Ich möchte allzu gerne bei Richter im Münchner Bachchor singen.
- Das reizt mich freilich weniger.
- Der macht die ganzen Oratorien, die wir kennen, und macht auch Plattenaufnahmen. Dazuhin reizt mich München – nicht nur deshalb, weil ich dort Verwandte habe. Die Stadt gefiel mir schon bei unseren Konzerten 1954 und 1957
- Das verstehe ich. Mal seh´n, ob ich auch mal dahin komme.
- Also, ich werde wohl länger in Tübingen bleiben; für Chemiker ist es hier ganz in Ordnung.

Studium in Tübingen und München

Das Problem der Finanzierung des halben Jahres auf dem Einsiedel löste sich erst nach einigen Monaten, weil die Umschreibung meines Notaufnahmescheines auf sich warten ließ. Offensichtlich zögerten die Bundesländer, die für die geflohenen Abiturienten aus der DDR zuständig waren, ihre Entscheidungen heraus, um möglichst wenig bezahlen zu müssen.

Landratsamt Tübingen
20.3.1959
- Ausgleichsamt -
   Bescheinigung
Herrn Eberhard Wilms, geb. am 18. 8. 18940,
wohnhaft in Jugendwohnheim Einsiedel, wird
bescheinigt, dass er einen Vertreibungs-
Schaden im Sinne des § 229 LAG
(Lastenausgleichsgesetz) erlitten hat und
demnach dem Personenkreis des § 3 der
Weisung über die Heimförderung vom 5. Juli
1954 angehört.
       I.A, Margenfelder

Nach Beginn des Studiums gab es aber wieder Probleme. Jetzt war das Landratsamt zuständig. Der schon in Bamberg beantragte und ausgestellte Flüchtlingsausweis A mit C (Flüchtling aus den Gebieten östlich der Oder-Neiße sowie „Sowjetzonenflüchtling") berechtigte mich, ein Stipendium nach dem LAG (Lastenausgleichsgesetz) zu beantragen. Doch die bürokratischen Mühlen mahlten langsam. Ich bekam zwar einen Platz in einem Studentenwohnheim, doch noch kein Geld. Und Zeit, um zu arbeiten, blieb zwischen der Ergänzungsprüfung und dem 1. Semester nicht. Es war sehr ärgerlich, dass ich – wie ich es verstand – erst mal betteln gehen musste. Irgendeine Stelle - es kann das Studentenwerk gewesen sein- gewährte einen Zuschuss. Weil ich sparsam wirtschaftete, mir also nichts leistete, brav in der Mensa aß und am Abend das für „SBZ-Flüchtlinge" kostenlose Essen der evang. Studentengemeinde in Anspruch nahm, hatte ich ein wenig Geld, als dann im Juli endlich 180 DM pro Monat während des dreimonatigen Sommersemesters bewilligt wurden.

Ich war in diesem Tübinger Jahr ziemlich fleißig, machte die „Scheine", die nach der baden-württembergischen Studienordnung für Historiker und Germanisten vorgeschrieben waren und genoss die Freizeit bzw. hörte verschiedenste Vorlesungen anderer Fächer, insbesondere juristische. Auch in die Politik-Wissenschaft schaute ich rein, weil der berühmte Prof. Eschenburg in Tübingen lehrte. Und natürlich verfolgte ich die Politik genau, insbesondere die internationale Politik. Ich staunte über die Gelassenheit der westlichen Seite nach dem Berlin – Ultimatum Chruschtschows. Offensichtlich war ihnen Deutschland nicht so wichtig – und das zur Zeit, als der kommunistische Vormarsch auf Kuba erfolgte! Man konnte auch annehmen, dass sich damals beide Seiten voreinander fürchteten, waren sie doch atomar hochgerüstet. In Westdeutschland war die Veränderung der SPD von Bedeutung: das Godesberger Programm erneuerte die Partei. Sie wurde daher für mich interessant, weil sie sich vom sturen Marxismus absetzte. Besonders wichtig waren in meinem Hauptfach Geschichte drei Professoren: der junge Besson, der über das 3. Reich las, der alte Rothfels, der früher in Königsberg, nach seiner Vertreibung als Jude in die USA ging und schon eine Legende war und die Zeit des Imperialismus untersuchte, sowie der ältere Vogt, dessen

Übung zur antiken Geschichte mich beeindruckte. Insbesondere bei letzterem lernte man schon weitgehend wissenschaftlich zu arbeiten. Er korrigierte die Seminararbeit sehr gründlich. Von seiner Nazi - Vergangenheit erfuhr man damals nichts; dazu bedurfte es wohl der 68er, die die Vergangenheit der Universitäten untersuchten und sehr viel „braunes" Gedankengut entdeckten.

Die Wochenenden waren freilich schwer: Meine Freunde verbrachten sie in den Familien – und ich konnte mir eine Kurzreise nach München zu meinen Verwandten nicht leisten, fühlte mich also sehr alleine. Spaziergänge in die nähere, sehr schöne Umgebung der Stadt ersetzten keine familiären Kontakte. Den Versuchungen der Studenten-Verbindungen, sich ihnen anzuschließen, erlag ich nicht, weil mir deren politische Haltung ganz und gar nicht gefiel. Doch in den Semesterferien erlaubte ich mir eine besondere Reise. Ich fuhr mit der verbilligten Studentenfahrkarte zu den Hamburger Verwandten und von ihnen per Fahrrad und Fähre nach Dänemark und Schweden. Ich wollte die Länder kennen lernen, die ich als Kruzianer verpasst hatte. Denn die beiden Skandinavienreisen während meiner Chorzeit hatte ich nicht mitmachen können, weil ich ein wenig später in den Chor eingetreten war und weil die zweite Reise während meiner Mutation stattgefunden hatte. In einem schwedischen Ferienheim lernte ich besonders angenehme Studenten und Studentinnen anderer deutscher Universitäten kennen. Im Anschluss an die Reise konnte ich bei jener Tante, die in

Königsberg ein Ausflugslokal geleitet hatte, in der Lüneburger Heide wohnen und von ihr aus in einer Landmaschinenfabrik arbeiten, so dass ich wieder ein wenig Geld mehr als nur das Stipendium im Semester hatte.

Nach dem 2. Semester ging es dann nach München. Dort war die Unterkunft ein besonderes Problem; die Verwandten konnten mir bei dessen Lösung nicht helfen. Ich bekam nur ein halbes Zimmer für viel Geld (75 DM etwa), konnte aber wenigstens zu Fuß in die Seminare und zu den Universitätsgebäuden gehen, so dass kein Fahrgeld anfiel. Das Studium hier war beschwerlicher als in der Kleinstadt Tübingen, denn die Seminare (also die Veranstaltungen wie die Bibliotheken) waren noch voller als in der schwäbischen Uni. Dennoch machte ich einige der vorgeschriebenen Scheine, das Philosophicum und konnte auch mal in die Theaterwissenschaft schauen. Auch hier hatte ich am Ende des Semesters die sogen. Dekanatsprüfungen zu absolvieren, die Voraussetzung für die Befreiung von den Studiengebühren waren und die man auch der Stelle zu melden hatte, die das Stipendium bewilligte.

Landeshauptstadt München
Ausgleichsamt
München 15

München , 14. Juli 1960
Goethestraße 53
Fernsprecher 5598/354
S-III-AB Egh/

Gegen   Postzustellungsurkunde
An
Herrn
Eberhard Wilms
München 23
Leopoldstr. 108 a/V
b. v. Lieres

Teilbescheid
(Ausbildungshilfe)

Auf Ihren Antrag vom 10. 4. 1960 Leistungen aus dem Härtefonds wird Ihnen als Sowjetzonenflüchtling aus Mitteln des Ausgleichsfonds eine Beihilfe gemäß § 302 LAG für die Zeit... in Höhe von monatlich 267,-- DM (in Worten...) zum Zwecke des Besuches der Universität für die Ausbildung als Lehrer an höheren Schulen bewilligt ....
Begründung: Antragsberechtigung nach § 3 (2) der Weisung über die Ausbildungshilfe in der Fassung ...
Für die Zeit vom 1.8.1960 bis 31.10.1960 und vom 1.3.1961 bis 30.4.1961 musste die Beihilfe abgelehnt werden, weil die Studierenden in der ersten Hälfte der

185

Gesamtstudienzeit auf eigenen Verdienst zu verweisen sind.

Die im Sommersemester 1960 und Wintersemester 1960/61 anfallenden Studiengebühren können erst nach Vorlage des Studienbuches am jeweiligen Semesterende bewilligt werden, wobei Voraussetzung ist, dass der Auszubildende um einen Hörgelderlass nachgesucht hat...

Im Auftrag
Kandler
Städt.Verw.Insp.z.Wv.

Stempel:
Bayern –
Landeshauptstadt München

In den Semesterferien war ich Straßenbahnschaffner, vor allem auf den Linien 3, 6 und 37, die liebste Studentenarbeit, die ich je gemacht habe. Aber das Schönste der Münchner Jahre war das Singen im Bachchor: Prof. Richter, auch ehem. Kruzianer, führte mit ihm die mir bekannte Musik auf und machte Schallplattenaufnahmen, z.B. des Bachschen Magnificats und der h-Moll-Messe. Schließlich besuchte ich einen Lateinkurs, weil meine miserablen Lateinkenntnisse für ein Geschichtsstudium nicht ausreichten, für das das Große Latinum vorgeschrieben war. Ich schaffte es mit Mühe.

Einmal war dort etwas mit der Schreibmaschine zu schreiben. Ich besaß eine, die mein Vater nach West-Berlin geschmuggelt hatte. Freilich konnte ich nicht gut schreiben, während ein anderes Kursmitglied sogar das 10-Finger-System beherrschte und in meiner Gegend in Schwabing wohnte. Ich hatte dort zusammen ein Zimmer mit meinem alten Klassenkameraden, der ein Musikstudium in Trossingen begonnen hatte, es aber aufgab, um nun Jura voll zu studieren. Und so begann die Freundschaft mit Gunhild, die aus Württemberg stammte, wo ich ja gerade hergekommen war.

In dieser Zeit war ich sogar einmal in Berlin, um meine Eltern im Westen der Stadt zu treffen – noch waren die Sektorengrenzen ja offen. Ich fuhr per Bahn bis Hannover und buchte dann den verbilligten Flug nach West-Berlin. Im evangelischen Johannesstift wurden damals derartige Treffen zwischen geflohenen Jugendlichen und ihren Eltern in der DDR ermöglicht. Wir wurden dort verpflegt und hatten ein Zimmer. Zum Abschluss der Woche bekam ich sogar einen Bücherschein, um in der stiftseigenen Buchhandlung wissenschaftliche Werke kaufen zu können. Ich erfuhr von meinem Vater, dass er es fertig gebracht hatte, den Dresdner Behörden zu vermitteln, dass sie durch ihre unkorrekte Handhabung meiner Bewerbung für ein Studium in Leipzig meine „Übersiedlung" in die Bundesrepublik selbst verschuldet hätten. Er überzeugte mich dabei davon, doch bei Erteilung einer Genehmigung im Sommer 1961 nach Dresden zu kommen. Ich fand das ziemlich gewagt – und doch machte ich es, weil ich diese Genehmigung tatsächlich erhielt.

Rat des Stadtbezirkes Nord der
Stadt Dresden
-Sg. Innere Angelegenheiten
Dresden N 15,
Königsbrücker Straße 119
Ruf 52326, Apparat 219

Herrn
Georg Wilms
Dresden N 10

Unser Zeichen Wei/ae.   *7. 3. 1961*

Sehr geehrter Herr Wilms !
Aufgrund der mit Ihnen und Ihrer Gattin am 8.
2. 1961 geführten Unterredung kann ich Ihnen
heute die schriftliche Antwort zukommen
lassen. Nach eingehender Prüfung des
Sachstandes über die Beweggründe des
illegalen Verzuges Ihres Sohnes Eberhard
Wilms habe ich folgende Feststellung getroffen:
Der Rat des Stadtbezirkes Nord, Sachgebiet
Innere Angelegenheiten, wird Ihnen jährlich in
den entsprechenden Semesterferien Ihres
Sohnes eine Aufenthalts - Genehmigung für
den besuchsweisen Aufenthalt bewilligen. Ich
hoffe, mit dieser Festlegung Ihren berechtigten
Wünschen zu entsprechen und hoffe, damit
beizutragen, dass nach Beendigung des
Studiums Ihres Sohnes er in die Deutsche
Demokratische Republik für immer zurückkehrt.

Hochachtungsvoll!

(Weigel, Stadtrat)

188

Für die Hoffnung, dass ich nach Beendigung des Studiums zurückkehre, wurde von den Eltern aber keine schriftliche Zusicherung. abverlangt. Das bewog mich, die Reise anzutreten, und zwar zusammen mit jener Tante, die früher in Zittau gelebt hatte und die unterdessen offiziell in den Westen zu ihrer Tochter, meiner Cousine, übergesiedelt war; sie hatte eine „normale" Genehmigung erhalten. Zweck der gemeinsamen Reise war: Sie sollte an der Grenze genau beobachten, ob die Beamten normal auf meine Einreisegenehmigung reagierten. Ich empfand es als ein Wunder, dass damals nichts passiert ist, ich also die Grenze ohne Probleme überschreiten durfte. Ich freute mich auf die Stadt – und natürlich auf meine Eltern und das gewohnte Zuhause.

Doch dann kam der 13. August 1961 – ein Sonntag!

13. August 1961

Ich fuhr in die Kreuzkirche zum Gottesdienst. Und auf dem Rückweg traf ich in der Straßenbahn einen ehem. Kruzianer meiner Generation. An seinen Namen kann ich mich nicht erinnern, denn seine Nachricht schockte mich: Berlin ist zu! Wie betäubt fuhr ich nach Hause. Ich sah mich schon in einer LPG Rüben hacken und schwor mir: In diesem Land wirst du dich nicht engagieren, höchstens Straßenbahnschaffner werden nach dem Vorbild eines Onkels, der Bauingenieur war und sich nach 1945 den Kommunisten verweigerte, indem er trotz seines Diploms als einfacher Bauarbeiter seinen Unterhalt verdiente. Das Regime hat es nicht verdient, dass man ihm seine Fähigkeiten zur Verfügung stellt! So viel Gemeinheit, wie jetzt die Mauer zeigte, die doch eindeutig gegen die DDR-Bürger gerichtet war und keineswegs „antifaschistischer Schutzwall" genannt werden konnte, wie man im Osten behauptete , musste abgestraft werden! Das war natürlich nur eine spontane Reaktion. Wahrscheinlich hätte ich mich, wäre ich zwangsweise in der DDR geblieben, dann doch anders verhalten.
Zu Hause freilich beruhigte mich mein Vater: „Diese Mauer betrifft nur Berlin! Mit der Zonengrenze hat die Aktion nichts zu tun, du kannst wieder nach München zurückfahren." Er suchte im Radio nach Westsendern. Wegen der vielen Störsender, die an der Zonengrenze entlang und um West-Berlin herum gebaut

worden waren, waren sie kaum zu hören. Doch er hatte schon seit der Nazizeit Erfahrung: Im Kurzwellenbereich war London und evt. auch andere Sender zu hören: Und dort hieß es, die Aktion berühre tatsächlich nur Berlin!

Im fernen Spanien, in dem meine Freundin mit ihrer schwäbischen, sehr reisefreudigen Familie, Camping-Urlaub machte, stürzten Hoffnungen zusammen. In einem Brief schrieb ihr eine Klassenkameradin und später auch lebenslange Freundin: „Den siehst du nie wieder!"

Und so endete meine Jugendzeit mit einem Paukenschlag. Alle Hoffnungen auf eine mögliche Verbesserung der innerdeutschen Verhältnisse zerstoben, die Teilung Deutschlands schien besiegelt. Die Kommunisten schienen für alle Zeit gesiegt zu haben. Jetzt konnten sie ihren angeblich unbesiegbaren Sozialismus ohne Störungen aufbauen. Und sie meinten ja auch, damit würde die Überlegenheit des Sozialismus über den westlichen Kapitalismus besiegelt werden – eine Hoffnung, die sich nie erfüllen sollte.

28 Jahre Mauer

Im Westen machte sich eine Resignation breit, die ich natürlich auch wahrnahm, als ich dann tatsächlich nach München in den Westen zurückkehren konnte - nach einem erneut emotional anstrengenden Abschied von der Familie auf dem Dresdner Hauptbahnhof und der Überquerung der Angst verbreitenden Zonengrenze - wusste man doch nicht, ob man sich jemals wiedersehen kann. Schritt für Schritt schrieb die Öffentlichkeit in den folgenden Jahren „den Osten" ab, was nur unterbrochen wurde von der Ostpolitik der Sozialliberalen Koalition. Aber dennoch registrierte man langsam sogar die oft tödlichen „Zwischenfälle" an Mauer und Stacheldraht nur so nebenher: sie wurden mehr oder weniger „normal". Jugendliche und viele Deutsche, die weiter entfernt von der Grenze lebten, setzten immer häufiger den Deutschland-Begriff mit der Bundesrepublik gleich: Die DDR war angeblich gar nicht deutsch, sie wurde zu einem „Land, das keiner mehr kennt", wie damals ein Buchtitel lautete. Ich tat in meinem Tätigkeitsbereich alles, um dieser Stimmung entgegen zu wirken, als Gymnasiallehrer wie auch als Mitarbeiter des Gesamtdeutschen Instituts in Bonn. Die Höhepunkte waren 4 Studienreisen mit Schülern 1983 – 1985 – 1987 – 1989, nachdem die Sozialliberale Koalition eine neue Politik gegenüber dem Osten durchgesetzt hatte.

Bis zum Jahre 1989, genauer: bis zum 9. November 1989 konnte sich eine Wiedervereinigung niemand vorstellen. Wer das Gegenteil behauptet, lügt bzw. ist ein Besserwisser. Die Bekenntnisse zur Einheit waren vor diesem Datum zur reinen West-Propaganda verkommen. Erst die „Wende" in der DDR, d.h. das Erwachen der DDR-Bevölkerung aus ihrer unglaublichen Resignation und deren radikaler Umschwung hin zu revolutionären Aktionen ermöglichte im Verein mit der Schwächung der Russen die Verwirklichung eines Traumes, der abgesehen von wenigen im Westen, nur noch von der Masse der DDR-Bevölkerung geträumt worden war.

Was blieb zurück? Wo war ich hingegangen?

Die Überlegungen zur ersten Frage begleiteten mich seit dem Entschluss, in den Westen zu gehen. Ich musste vor allem die Eltern, die treuen Tanten, die immer wieder in Hellerau zu Besuch waren, die Familien meiner Dresdner Brüder mit ihren damals kleinen Kindern zurücklassen. Dass mit der Familie meines ältesten Bruders kaum Kontakt auch in aller Zukunft möglich sein würde, konnte ich damals nicht als Verlust buchen. Da war es viel schwerer, weitere Menschen nicht mehr sehen zu können wie Klassenkameraden und eine leider ziemlich kranke Freundin, die Stadt Dresden mit ihrem Musikleben und den bereits wieder bedeutenden Museen, vor allem natürlich den Kreuzchor mit seinen Vespern und Konzerten, sowie die Schönheit der Landschaft um Dresden herum, vor allem Moritzburg und Pillnitz, aber auch die Dresdner Heide und die Sächsische Schweiz. Sehr schwer fiel mir auch, dass ich die vertraute evangelische lutherische Kirche, in der ich mich stets wohlgefühlt hatte, verlassen musste – nicht nur aus ideologischen Gründen. Mit der so nüchternen württembergischen Kirche hatte ich sehr lange Zeit Schwierigkeiten, mich in ihr heimisch zu fühlen.

Die DDR selbst hatte ich selbstverständlich mit größtem Vergnügen hinter mir gelassen, auch wenn die Beteiligung am Aufbau der immer noch großen Zerstörungen sicher eine lohnenswerte Aufgabe gewesen wäre. Doch die ideologisch-politischen Verhältnisse empfand ich als eine so starke Belastung, dass ich froh war, sie nicht mehr erleben zu müssen: mit ihren Gummiparagraphen (angebliche „Boykotthetze") und brutalen Gerichtsurteilen, Falschheiten und Gesinnungsdruck im normalen Alltag, dem Misstrauen gegenüber allen Menschen, ob man wohl das Richtige geäußert hat, mit den primitiven Straßenparolen. Der brutale Umgangston erinnerte stets an obrigkeitsstaatliche Verhältnisse in der wilhelminischen und in der NS-Zeit. Das fing mit dem belehrenden Ton im Straßenverkehr an und endete im Grenzsystem.

Und wohin war ich gegangen? Die Bundesrepublik war von Anfang an eine parlamentarische Demokratie, in der man keinem ideologischen Druck ausgesetzt war. Wie alle Demokratien hatte sie damals (und auch heute noch) Fehler. Jedoch durfte stets über sie diskutiert werden – auch wenn die Regierung, die ja nur von der Mehrheit, nicht von allen gestellt wurde und wird, nicht angeblich wie im Osten von der alles wissenden Partei geführt wird. Die Achtung der Minderheit ist seit eh und je ein Kennzeichen des freiheitlichen Staatssystems - und nicht die Durchsetzung des Willens der (angeblichen) Mehrheit, denn Mehrheitsverhältnisse können sich schnell verändern. Und das geschieht ja z.T, unfreiwillig, doch es geschieht, wie man etwa heute mit der Achtung der Linken sieht, obwohl sie sich (natürlich nicht offiziell) gegen die freiheitliche Grundordnung stellen und immer noch von einer sozialistischen Zukunft träumen.. Dass eine Demokratie stets unvollkommen ist und verbesserbar, gehört zum System. So ist insbesondere die Aufarbeitung der NS-Vergangenheit und der Umgang mit den Rechtsradikalen ein durchgängiges Problem der westdeutschen Geschichte, das bis heute noch nicht abgeschlossen ist – so, wie es noch lange dauern wird, die andere (ost)deutsche Diktatur aufzuarbeiten. Seilschaften verfügten und verfügen auch heute über ein Tätigkeitsfeld, über das Fortschritte behindert werden. Doch nach wie vor ist dieses System trotz dieser Fehler das einzige, in dem freies Leben möglich ist.

Noch nach Jahrzehnten empfand ich die „Flucht" als die entscheidende Zäsur in meinem Leben, als die Entscheidung für die richtige Seite aus persönlichen wie auch aus politischen Überlegungen heraus.

Und bald verspürte ich auch eine wichtige Aufgabe, die ich im Beruf und darüber hinaus angehen wollte: die Vermittlung demokratischer Werte, insbesondere der Toleranz, und die Vermittlung der Überzeugung, dass auf beiden Seiten der Zonengrenze Deutsche leben. Man musste die Menschen im Westen über die Brutalität des DDR-Regimes aufklären und vermitteln, dass die Menschen im Osten zu unserer Nation gehören.

Und nicht erst seit der Wende weiß ich auch, dass jene, die in der DDR ihr Leben verbracht haben, ernst genommen werden müssen, weil sie einen ganz anderen Erfahrungshorizont haben als jene, die „nur" in demokratischen Verhältnissen gelebt haben. Insbesondere muss heute meiner Meinung nach der Mut viel stärker gewürdigt werden, den die Ostdeutschen aufbringen mussten, um die Friedliche Revolution von 1989/90 auszuführen – eine der Erfahrungen, die den Westdeutschen fehlen. Daneben ist es für die Zukunft von Bedeutung, den Wert rechtsstaatlicher und demokratischer Prinzipen zu verstehen und diese zu würdigen. Um so ärgerlicher sind die Methoden, die nach 1989/90 zu dem Eindruck führten, der Westen habe die DDR „gekauft"., was natürlich nicht stimmt, aber überspitzt die Wirklichkeit zumindest der ersten Jahre nach 1989/90 wiedergibt, wie die sogen. „Einheitskriminalität" zeigt. Leider haben viele Westdeutsche ihre finanzielle Überlegenheit auf üble Weise ausgenutzt und damit auch mental viel Schaden angerichtet, der das Zusammen-wachsen behindert.

20 Jahre nach der Wiederherstellung der Einheit sollten freilich genau die Erfahrungen der DDR-Bürger, die sie zu allen Zeiten der 40 Jahre machen konnten bzw. mussten, nicht verloren gehen. Sie gehören zur deutschen Geschichte – so wie die Weimarer Republik und die NS-Zeit mit ihren Verbrechen.

Bild 22: Traditionelles Kurrendesingen am Hintereingang der Kreuzkirche Pfingsten 1958 - das letzte Foto mit meiner Kruzianer-Generation im Kreuzchor

Zeittafel

1939-1945	2. Weltkrieg
	1942/3 Schlacht von Stalingrad
	1944 Bombenangriffe auf Königsberg Flucht der ostpreußischen Bevölkerung
	1945, 13./14. Februar schwerste Bombenangriffe auf Dresden
	8. Mai Kapitulation der deutschen Wehrmacht
1945	Juni-Deklaration der Siegermächte Grundsätze der Besatzung, Kontrollrat
	Juli/Aug. Potsdamer Konferenz
	ab Sept. Bodenreform, Enteignung von Großbetrieben in der SBZ. In besetzten Gebieten Osteuropas Errichtung von Volksrepubliken durch die SU
1946	April Zwangsvereinigung von SPD und KPD zur SED
	Bürgerkrieg in Griechenland zwischen Kommunisten und Nationalen
	Sept. Stuttgarter Rede des US-Außenministers Byrnes kündigt Bizone an.
	Entwurf einer gesamtdeutschen Verfassung durch die SED

1947	<u>März</u> Truman-Doktrin
	Juni Marshallplan
	Münchner Ministerpräsidenten-
	Konferenz mangels
	gemeinsamem Willen gescheitert
	<u>Sept.</u> Kominform (internationale
	Organisation der KP's) gegründet
1948	<u>Febr.</u> Staatsstreich der KP in der
	Tschechoslowakei
	Londoner 6-Mächte- Konferenz
	zur Errichtung eines
	westdeutschen Staates
	<u>März</u> Brüsseler Militärvertrag
	<u>Juni</u> Währungsreform, zuerst in
	den Westzonen, später in der
	SBZ
	<u>ab Juni</u> Berliner Blockade
	Aufbau der Kas.Volkpol.(KVP)
1949	<u>April</u> RGW gegr. (Rat für
	gegenseitige Wirtschafthilfe) des
	Ostblocks
	NATO gegründet
	<u>Mai</u> Ende der Berliner Blockade
	Gründung der Bundesrepublik,
	Verfassung der DDR verkündet
	<u>Okt.</u>. Proklamation der DDR
1950	<u>Mai</u> Schuman-Plan für
	wirtschaftliche Zusammenarbeit
	von 6 westeurop. Staaten: F,I,D,
	Benelux
	<u>ab Juni</u> Korea-Krieg nach
	Einmarsch des Nordens in den
	Süden
	<u>Sept.</u> Aufnahme der DDR in den
	RGW

200

1951	Apr. Montanunion der 6 westeur. Länder
	Mai Bundesrep. im Europarat
	Juli Ende der Kämpfe in Korea, Waffenstillstand erst 1953
1952	März erste der vier „Stalin-Noten": Vorschlag zur Wiedervereinigung
	Mai Pleven-Plan zur Europ. Verteidigungsgemeinschaft der 6 westeur. Länder (EVG)
	Juli SED beschließt Aufbau des Sozialismus in der DDR
	Ausführliche Diskussion über Stalin-Noten
1953	Volksaufstand vom 17. Juni, von Roter Armee und Volkspolizei niedergeschlagen
	Starke Zunahme der Flucht aus der DDR
1954	EVG scheitert am frz. Parlament
1955	Beitritt der BRD zur NATO und z.T. begrenzte Souveränität
	Warschauer Pakt gegründet, Beitritt der DDR zum W.P. und offiziell begrenzte Souveränität
1956	XX. Parteitag der KPdSU:

XX. Parteitag der KPdSU:
Chruschtschows Geheimrede
über Stalins Verbrechen.
Vorläufige Entstalinisierung der
Sowjetunion

1958-1961   Westmächte betonen
Verteidigungsbereitschaft für
West-Berlin

1961   Juli Präsident Kennedy (USA)
fasst zusammen: three essentials
für West-Berlin
13.Aug. Bau der Berliner Mauer
Ende der Massenflucht aus der
DDR

Andere Veröffentlichungen von Eberhard Wilms

1977   Der Aufstieg Russlands zur
        europäischen Großmacht. In: H. D.
        Schmid, Fragen an die Geschichte,
        3. Band

1978   Die Deutsche Frage. In: H.D.
        Schmid, Fragen an die Geschichte,
        4. Band

1980   Vorrevolutionäre russische
        Geschichte in der Sekundarstufe I
        der Schulen in der Bundesrepublik.
        In: Geschichtsdidaktik, Heft 2/1980

1985   Klausur: Von der Französischen
        Revolution bis zur Weimarer
        Republik. 17 Aufgaben mit
        Lösungshilfen (zusammen mit
        Gunhild Wilms) Die Geschichte der
        Stadt und ihrer Ortsteile im Rahmen
        der württembergischen und
        deutschen Geschichte – eine
        Datensammlung. In: Stadt
        Wendlingen a. N., 850 Jahre
        Wendlingen am Neckar

1986   Die Deutsche Frage seit 1945
        (zusammen mit Gunhild Wilms)
        Geschichte – Denk- und
        Arbeitsfach. Heinz Dieter Schmid
        zum 65. Geburtstag.
        (Hg.+ Verfasser eines Beitrages)

1993	Theodor Heuss – Heft in der Reihe „Deutschland und Europa" der Landeszentrale für politische Bildung Baden-Württemberg (zusammen mit mehreren Autoren)
1995	Deutschland seit 1945: besetzt – geteilt – entzweit – vereinigt. (Hg. und Autor der meisten Kapitel)
1999	Schmid, Fragen an die Geschichte. Neuauflage des 4. Bandes mit dem Titel „Das 20. Jahrhundert" (Überarbeitung mehrerer Kapitel)
2002	Deutschland seit 1945: besetzt – geteilt – entzweit – vereinigt. Aktualisierte Ausgaben Bundeswehr und Nationale Volksarmee" Heft 5 von „Militär in Deutschland" (zusammen mit Klaus Pflügner)
2005	DDR. Kurzdarstellung von Geschichte und Politik. in der Reihe „Diederichs kompakt"
2009	Grundwissen kontrovers: Deutschland nach 1945

Weitere Informationen über google und
wikipedia sowie bei yasni.